Administração
do terceiro setor

SÉRIE ADMINISTRAÇÃO EMPRESARIAL

Arno Vorpagel Scheunemann
Ivone Rheinheimer

Administração do terceiro setor

Rua Clara Vendramin, 58 . Mossunguê
CEP 81200-170 . Curitiba . PR . Brasil
Fone: (41) 2106-4170
www.intersaberes.com
editora@editoraintersaberes.com.br

Conselho editorial
Dr. Ivo José Both (presidente)
Dr.ª Elena Godoy
Dr. Nelson Luís Dias
Dr. Neri dos Santos
Dr. Ulf Gregor Baranow

Editora-chefe
Lindsay Azambuja

Supervisora editorial
Ariadne Nunes Wenger

Analista editorial
Ariel Martins

Projeto gráfico
Raphael Bernadelli

Capa
Adoro Design

Fotografia da capa
PantherMedia

1ª edição, 2013.

Foi feito o depósito legal.

Informamos que é de inteira responsabilidade dos autores a emissão de conceitos.

Nenhuma parte desta publicação poderá ser reproduzida por qualquer meio ou forma sem a prévia autorização da Editora InterSaberes.

A violação dos direitos autorais é crime estabelecido na Lei nº 9.610/1998 e punido pelo art. 184 do Código Penal.

Dados Internacionais de Catalogação na Publicação (CIP)
(Câmara Brasileira do Livro, SP, Brasil)

Scheunemann, Arno Vorpagel
Administração do Terceiro Setor/Arno Vorpagel Scheunemann, Ivone Rheinheimer. – Curitiba: InterSaberes, 2013. – (Série Administração Empresarial).

Bibliografia.
ISBN 978-85-8212-717-9

1. Terceiro setor 2. Terceiro setor – Administração 3. Terceiro setor – Brasil 4. Terceiro setor – História I. Rheinheimer, Ivone. II. Título. III. Série.

12-15394   CDD-658

Índices para catálogo sistemático:
1. Administração do Terceiro setor 658
2. Terceiro setor: Administração 658

Sumário

Apresentação, VII

(1) Panorama do surgimento e da constituição do terceiro setor, 11

(2) Conhecendo o terceiro setor, 27

(3) Voluntariado, 37

(4) Gestão social, 43

(5) Tipos de organizações do terceiro setor, 53
    5.1   Associações, 56
    5.2   Fundações, 57
    5.3   Organizações religiosas, 58

(6) Marco legal do terceiro setor, 61

      6.1 Qualificações e titulações, 66

      6.2 Responsabilidade social empresarial, 71

(7) O planejamento estratégico e o terceiro setor, 77

      7.1 Planejamento estratégico, 80

(8) Diagnóstico do planejamento estratégico no terceiro setor, 89

(9) Captação de recursos, 95

      9.1 Fontes de recursos, 101

      9.2 Tipos de recursos disponíveis, 110

      9.3 Mecanismo de apresentação de projetos, 111

(10) *Marketing* social, 115

      10.1 Conceituação e histórico, 118

      10.2 Aspectos metodológicos, 119

      10.3 O *marketing* social é a captação de recursos?, 120

Referências, 123

Apêndices, 127

Gabarito, 135

Apresentação

Esta obra visa abordar conteúdos que contribuam para o desenvolvimento de competências e habilidades para mais esta demanda emergente: profissionalizar o trabalho das organizações não governamentais (ONGs), cujo objetivo é o desenvolvimento de projetos de interesse público. Nesse sentido, pretende possibilitar a qualificação para uma eficiente e eficaz atuação em relação ao terceiro setor, por meio da compreensão do contexto social, da seleção de prioridades, da identificação de possíveis investidores de recursos e da implementação de ações necessárias para o atendimento das demandas e das respectivas formas de dar visibilidade ao trabalho desenvolvido.

Para atingirmos tal meta, precisamos compreender o contexto do qual emerge a necessidade de conferir um caráter profissional ao trabalho das ONGs, tratadas nesta obra não só como uma atividade eminentemente estatal, mas também como uma iniciativa privada de interesse público. Para lograrmos esse objetivo, precisamos contextualizar as transformações societárias que nos permitem melhor compreender as demandas que emergem do terceiro setor e que se acentuam em nossos dias.

O presente livro começa por essa contextualização, conceituando e caracterizando o terceiro setor, o voluntariado, a gestão social, o planejamento e a captação de recursos. Na sequência, a obra apresenta o marco legal desse setor e conclui destacando a importância do *marketing* social nesse contexto. Para uma melhor visualização e compreensão dos assuntos apresentados, o conteúdo deste livro é apresentado em dez capítulos.

No primeiro capítulo, evidenciamos alguns dos acontecimentos históricos que nos permitem traçar uma linha do tempo e identificar, além de melhor compreender, essa temática.

No segundo capítulo, apresentamos conceitos de diferentes autores, os quais promoveram reflexões sobre a dimensão e o significado do terceiro setor. Esses são fatores que necessitam ser compreendidos dentro da conjuntura social, econômica e política que tem determinado a configuração desse setor no contexto contemporâneo.

No terceiro capítulo, destacamos o voluntariado – que ainda se constitui uma das principais forças de trabalho/recursos humanos do terceiro setor –, o qual não pode deixar de existir, bem como não pode anular ou suprir a necessidade de profissionais.

No quarto capítulo, procuramos evidenciar a importância da gestão social no tocante à implementação de políticas que façam frente às situações de exclusão, desigualdade e empobrecimento dos sujeitos, fato que demonstra que essa forma de gestão não possui o mesmo objetivo e foco da gestão do segundo setor (mercado), que tem sempre por objetivo a lucratividade. Para tanto, pontuamos algumas diferenças entre filantropia e desenvolvimento social, questões que precisam se fazer presentes no planejamento de organizações que almejam uma sociedade melhor.

No quinto capítulo, procuramos distinguir os diferentes tipos de ONGs que compõem o chamado *terceiro setor*.

No sexto capítulo, ocupamo-nos com o marco legal vigente que norteia e regulamenta todas as organizações. Para tanto, apresentamos as principais legislações, evidenciando leis, artigos, medidas provisórias e projetos de lei e relacionando passos necessários para a qualificação dessas organizações.

No sétimo capítulo, procuramos dar especial destaque ao planejamento na administração, com suas diferentes características e denominações. O capítulo conta com quadros comparativos que facilitam o entendimento e a lógica proposta nesta obra.

No oitavo capítulo, objetivamos tratar da importância do diagnóstico e apresentar o planejamento estratégico e o plano operacional, destacando a importância do planejamento estratégico no plano operacional da organização, bem como a imprescindibilidade do diagnóstico claro para a coerência e o êxito do primeiro.

No penúltimo capítulo, abordamos a captação de recursos, bem como as agências de financiamento e suas especificidades. Tal captação, que deve ter como base o planejamento estratégico e as suas ferramentas, precisa ser considerada como uma das formas de sustentabilidade das organizações do terceiro setor.

Sinalizamos, no último capítulo, para a importância do *marketing* social, descrevendo aspectos históricos, conceituações, aspectos e metodologias pertinentes a essa forma especializada de gestão estratégica.

Ressaltamos que, apesar de o conhecimento que caracteriza esta produção ser introdutório, a obra atinge o objetivo, que é construir saberes teóricos e práticos acerca das temáticas que constituem o seu eixo central. Assim se materializa uma das características imprescindíveis na prática competente de profissionais que atuam no terceiro setor: a capacidade de articular saberes para a compreensão da complexidade de fenômenos e questões que emergem da realidade e que nos desafiam para a construção de respostas e alternativas criativas, sintonizadas com a realidade econômica, política, social e cultural, bem como sensíveis às particularidades dos sujeitos históricos.

# (1)

Panorama do surgimento e da constituição do terceiro setor

Arno Vorpagel Scheunemann possui graduação em Serviço Social (1994) pela Universidade Luterana do Brasil – Ulbra e é mestre (1996) e doutor (2000) em Teologia Prática, ambos pela Escola Superior de Teologia – EST.

Ivone Rheinheimer possui graduação em Serviço Social (1991) pela Ulbra e é mestre em Serviço Social (2005) pela Pontifícia Universidade Católica do Rio Grande do Sul – PUCRS.

Arno Vorpagel Scheunemann
Ivone Rheinheimer

O terceiro setor constitui-se um tema bastante polêmico, heterogêneo, gerador de discussões entre seus críticos, caracterizando-se por ser um campo que inspira reflexão e discussão. Consiste em um assunto atual e pertinente a diversas áreas acadêmicas, na medida em que se constitui um espaço sócio-ocupacional para diferentes profissionais.

Para o entendimento da temática do terceiro setor, iniciamos com uma abordagem histórica, traçando uma retrospectiva baseada em diferentes períodos históricos, que permitem delimitar e identificar acontecimentos em um contexto global e principalmente nacional. Assim, podemos identificar algumas iniciativas e atividades que até bem pouco tempo não eram caracterizadas e tampouco reconhecidas como do terceiro setor, mas que ajudam a entender como essas ações fazem parte do contexto social e como contribuíram para a formação e a legitimação desse importante setor da sociedade.

No período de 1940 a 1950, foi usada por pesquisadores a terminologia *third sector* pela primeira vez, na Organização das Nações Unidas (ONU). Nos Estados Unidos, o termo passou a ser usado em 1970 e, na Europa, a partir de 1980. O terceiro setor, nos Estados Unidos, também é chamado de *organizações voluntárias*, *caridades* ou *filantropia*, sendo este último termo também utilizado na Inglaterra. Porém, o termo que o Brasil adotou vem da denominação europeia – *organizações não governamentais* – ONGs (Gerone, 2008).

O terceiro setor movimenta hoje cerca de 8% da economia mundial, angariando cerca de US$ 1,1 trilhões/ano. O setor emprega cerca de 19 milhões de pessoas e, além da empregabilidade, conta com um número considerável de voluntários. Nos Estados Unidos, metade da população presta algum tipo de trabalho voluntário. Na América Latina, o terceiro setor surgiu para melhorar a condição social e comunitária, bem como para agir na democratização e na mobilização popular. No Brasil, considerando-se as ações hoje desenvolvidas pelo terceiro setor (ONGs), podemos determinar como início da atuação deste o ano de 1534, quando Brás Cubas fundou, em Santos, a Santa Casa de Misericórdia (Gerone, 2008).

Durante todo os períodos colonial e imperial, a Igreja Católica foi muito atuante em todas as áreas sociais no Brasil. Com a Proclamação da República, surgiram muitas outras organizações religiosas, uma vez que a igreja católica deixou de ser a igreja oficial do Estado brasileiro. Após um longo período de ditadura militar (1964-1985), que marcou e paralisou o país pela opressão imposta e pelo impedimento do exercício da cidadania, não houve qualquer ampliação do espaço para a participação da sociedade civil nas decisões governamentais. Tal direito só foi impulsionado por uma sequência de movimentos sociais e políticos que evidenciaram uma mudança de atitude da nação em geral.

Na década de 1980, o movimento denominado *Diretas Já* representou a luta pelo direito ao voto e pelo resgate da conscientização acerca dos direitos individuais de liberdade de pensamento e de expressão, bem como pela conquista dos direitos sociais. Isso evidencia o que Sobottka (2001) afirma em relação aos movimentos sociais no Brasil – que esses movimentos tinham como objetivo a garantia dos direitos humanos e a redemocratização do país, simultaneamente com a conquista dos direitos sociais expressos na Constituição Federal de 1988 (Brasil, 1988).

Os movimentos sociais no Brasil dessa época se pautavam majoritariamente pelo confronto, em oposição ao governo, com uma identidade político-partidária que se mostrava fundamentada na contradição intrínseca das relações sociais (Sobottka, 2001). Esses pressupostos estão referenciados no marxismo, conforme texto de Sobottka (2001, p. 3): "No Brasil o fenômeno dos movimentos sociais está presente há muitas décadas e sempre esteve estreitamente vinculado à luta por mudanças abrangentes da sociedade".

O envolvimento popular e de organizações da sociedade civil continuou durante a década de 1990. Houve uma série de acontecimentos que marcaram o posicionamento da sociedade com relação a questões importantes. Entre tais acontecimentos, destacam-se o *impeachment* do então presidente Fernando Collor de Mello, em 1992, motivado por um movimento nacional pela ética na política; a Conferência Internacional ECO/92, que aconteceu no Rio de Janeiro – evento no qual se discutiram questões ambientais mundiais; e a campanha Ação da Cidadania Contra a Fome, a Miséria e pela Vida, organizada pelo sociólogo Herbert de Souza, o Betinho, depois da reforma do Estado brasileiro executada pelo governo de Fernando Henrique Cardoso (FHC).

Tais acontecimentos provocaram uma série de mudanças no mundo empresarial, incentivando e criando organizações voltadas para questões sociais, direitos humanos e sustentabilidade ambiental. Os maiores desafios para as empresas consistem na garantia das exigências da competitividade, com baixos custos e alto padrão de qualidade – fatores hoje estreitamente atrelados ao desenvolvimento sustentável –, e em contemplar reivindicações da sociedade civil, contribuindo para que se efetive uma mudança paradigmática, dessa forma conferindo ao mundo empresarial uma possibilidade de inserir um caráter ético às suas diversas atividades.

Vejamos a seguir uma cronologia dos acontecimentos que envolveram os movimentos sociais.

Alguns dos movimentos que contribuíram para a construção e a implementação de um novo paradigma, visando ao desenvolvimento sustentável no mundo são apresentados no Quadro 1.1. Houve uma crescente articulação dos movimentos sociais, dos sindicatos, dos partidos políticos e das organizações ambientais com as associações de defesa dos direitos dos consumidores, das mulheres e das crianças. Essa articulação desencadeou a parceria entre governo, setor produtivo e sociedade civil, fato que, em 2001, serviu como base para a criação do

Fórum Social Mundial (FSM), realizado em Porto Alegre, Rio Grande do Sul (Instituto Ethos, 2004).

Quadro 1.1 – Cronologia dos movimentos sociais

ANOS DE 1970/1980	Os movimentos sociais, as associações e as ONGs afirmaram a sua vocação rompendo com o "assistencialismo", mesmo quando originários dessa tradição, caso de muitas organizações da Igreja; a intenção e a retórica visavam deixar essa tradição de lado e para trás. Os regimes autoritários criaram uma situação na qual as classes empresariais eram constrangidas a defenderem seus interesses – *lobby* discreto e corrupção –; cuidado do setor privado com os grupos de oposição. Os segmentos mais dinâmicos do terceiro setor se mantiveram a distância dos governos, reduzindo ao mínimo o relacionamento – cooperar com o governo estava fora de cogitação. AS ONGs se tornaram centros de recursos humanos (assessorias, informações, materiais pedagógicos, formação, elaboração de projetos etc.), postos a serviço das associações comunitárias e dos movimentos sociais.
ANOS DE 1990: ABERTURA PARA NOVAS INTERAÇÕES	Segundo Fernandes (1994), "Os movimentos sociais e ONGs sofriam um problema de isolamento – rompendo com as formas tradicionais de ajuda mútua e assistência, criavam uma distância não intencional com as maiorias pobres; combatendo as empresas e o governo, afastavam-se das elites". Governantes recém-eleitos pedem apoio da "sociedade civil organizada" para a implementação de algum projeto de importância local. ONGs competem por contratos governamentais com outras instituições públicas ou privadas para dirigir pesquisas, coordenar projetos e executar segmentos de um trabalho maior. Agências multilaterais apoiam projetos nacionais com a condição de que as ONGs participem da sua execução (OMS e Opas).

Fonte: Adaptado de Maciel, 2003, p. 17.

O FSM foi planejado em oposição ao Fórum Econômico Mundial (FEM), conhecida reunião de líderes empresariais e políticos que se realiza em Davos, na Suíça, desde 1971, cuja proposta maior consiste na discussão das questões econômicas, bem como de alguns problemas mais emergentes relacionados à saúde e ao meio ambiente.

> ## Histórico dos fóruns sociais mundiais
>
> 1º FÓRUM SOCIAL MUNDIAL – DE 25 A 30 DE JANEIRO DE 2001, EM PORTO ALEGRE
>
> *Principais temas:*
> - a produção de riquezas e a reprodução social;
> - o acesso às riquezas e à sustentabilidade;
> - a afirmação da sociedade civil e dos espaços públicos;
> - o poder político e a ética na nova sociedade.
>
> *Informações sobre o evento:*
> Contou com 8 mil participantes, 4.702 delegados, organizações (sem dado) de 117 países, 2 mil integrantes no Acampamento da Juventude, 420 atividades auto-organizadas, 16 conferências e 22 testemunhos.
>
> 2º FÓRUM SOCIAL MUNDIAL – DE 31 DE JANEIRO A 5 DE FEVEREIRO DE 2002, EM PORTO ALEGRE
>
> *Principais temas:*
> - comércio mundial e corporações multinacionais;
> - controle de capitais financeiros e dívida externa;
> - trabalho e economia solidária;
> - saber, direitos de reprodução e patentes;
> - medicamentos, saúde, Aids;
> - sustentabilidade ambiental e soberania alimentar;
> - água – bem comum;
> - povos indígenas;
> - cidades, populações urbanas;
> - combate à discriminação e à intolerância;
> - democratização das comunicações e da mídia;
> - produção cultural, diversidade e identidade;
> - perspectivas do movimento global da sociedade civil;
> - cultura da violência, violência doméstica;
> - organismos internacionais e arquitetura do poder mundial;
> - globalização e militarismo;
> - direitos humanos (direitos econômicos, sociais e culturais).

Informações sobre o evento:
Contou com 51 mil participantes, 12.274 delegados, 4.909 organizações de 123 países, 15 mil participantes no Acampamento da Juventude; 622 atividades autogestionadas, 96 seminários e 27 conferências. A imprensa compareceu com 3.356 jornalistas, sendo 1.866 brasileiros e 1.490 estrangeiros de 1.066 veículos de comunicação.

Eixos transversais:
- a produção de riquezas e a reprodução social;
- o acesso às riquezas e a sustentabilidade;
- a afirmação da sociedade civil e dos espaços públicos;
- o poder político e a ética na nova sociedade.

3º FÓRUM SOCIAL MUNDIAL – DE 23 A 28 DE JANEIRO DE 2003, EM PORTO ALEGRE

Principais temas:
- militarização, império, guerra e unilateralismo;
- terra, território e soberania alimentar;
- fundamentalismo e intolerância;
- mídia e globalização;
- paz e valores;
- economia solidária;
- direito às cidades;
- emprego e regulação do trabalho;
- propriedade, controle e gestão da biodiversidade, água e energia;
- igualdade, intolerância, direitos e diversidade;
- pleno acesso à água, à comida e à terra;
- pleno acesso aos direitos à educação, à saúde, à habitação e à seguridade social;
- diversidade cultural e linguística;
- globalização, informação e comunicação;
- novas tecnologias e estratégias para inclusão digital e transformação social;
- produção simbólica e identidade dos povos; democratização da democracia, partindo da construção de novos paradigmas;

- novos e antigos movimentos sociais;
- novas dimensões do estado democrático;
- governança econômica global e instituições internacionais;
- ordem mundial – soberania e o papel dos governos e da ONU;
- cooperação democrática – integração, multilateralismo e paz.

Informações sobre o evento:
Contou com 100 mil participantes, 20.763 delegados, 5.717 organizações de 156 países, 25 mil participantes no Acampamento da Juventude, 1.300 atividades auto-organizadas, 10 conferências, 22 testemunhos, 4 mesas de diálogo e controvérsias, 36 painéis e 1.280 oficinas.

Eixos transversais:
- desenvolvimento democrático e sustentável;
- princípios e valores, direitos humanos, diversidade e igualdade;
- mídia, cultura e alternativas à mercantilização e à homogeneização;
- poder político, sociedade civil e democracia;
- ordem mundial democrática, luta contra a militarização e promoção da paz.

4º FÓRUM SOCIAL MUNDIAL – DE 16 A 21 DE JANEIRO DE 2004, EM MUMBAI, ÍNDIA

Principais temas:
- globalização imperialista;
- patriarcado, gênero e sexualidade;
- militarismo e paz;
- racismo e sistema de castas;
- trabalho e discriminação baseada na descendência;
- fanatismo religioso e violência sectária;
- desenvolvimento ecologicamente sustentável;
- soberania alimentar;
- a terra e a água;
- conhecimento, cultura e mídia;
- emprego e mundo do trabalho;
- saúde, educação e segurança social.

Informações sobre o evento:
Mais de 100 mil pessoas, sendo 74.126 oficialmente inscritas. O evento contou com 60.224 indianos e 13.902 estrangeiros, representando 1.653 organizações (838 indianas e 797 estrangeiras) de 117 países. Total de participantes estimado entre 135 mil e 150 mil.

Eixos transversais:
- democracia, segurança ecológica e economia;
- discriminação, dignidade e direitos;
- mídia, informação e conhecimento;
- militarismo, guerra e paz.

5º Fórum Social Mundial – de 26 a 31 de janeiro de 2005, em Porto Alegre

Principais temas:
- afirmação e defesa dos bens comuns da terra e dos povos;
- mercantilização e controle das transnacionais;
- arte e criação – construindo as culturas de resistência dos povos;
- comunicação – práticas contra-hegemônicas, direitos e alternativas;
- defesa de diversidades, pluralidade e identidades;
- direitos humanos e dignidade para um mundo justo e igualitário;
- economias soberanas pelos e para os povos;
- oposição ao capitalismo neoliberal;
- ética, cosmovisões e espiritualidades;
- resistências e desafios para um novo mundo;
- lutas sociais e alternativas democráticas;
- oposição à dominação neoliberal;
- paz e desmilitarização;
- luta contra a guerra, o livre comércio e as dívidas pública, interna e externa;
- pensamento autônomo, reapropriação e socialização do conhecimento (dos saberes) e das tecnologias;
- rumo à construção de uma ordem democrática internacional e integração dos povos.

Informações sobre o evento:
O início do fórum foi marcado por uma marcha de 200 mil pessoas. No total, foram 155 mil participantes cadastrados, sendo 35 mil integrantes

do Acampamento da Juventude e 6.823 comunicadores. O evento contou com 6.872 organizações de 151 países, envolvidas em 2.500 atividades. As maiores delegações foram as do Brasil, da Argentina, dos Estados Unidos, do Uruguai e da França. Um número estimado de 500 mil pessoas circulou no Território Social Mundial.

Eixos transversais:
- emancipação social e dimensão política das lutas;
- luta contra o capitalismo patriarcal;
- lutas contra o racismo e outras formas de exclusão baseadas na ascendência;
- gênero;
- diversidade.

6º FÓRUM SOCIAL MUNDIAL – POLICÊNTRICO (AMÉRICAS, ÁSIA E ÁFRICA); DE 19 A 23 DE JANEIRO E 24 A 29 DE MARÇO DE 2006

Esse Fórum Mundial foi policêntrico, ou seja, ocorreu em três sedes diferentes.

CARACAS, VENEZUELA – DE 24 A 29 DE MARÇO DE 2006

Principais temas:
- poder, política e lutas pela emancipação social;
- estratégias imperialistas e resistências dos povos;
- recursos e direitos para a vida – alternativas ao modelo civilizatório depredador;
- diversidades, identidades e cosmovisões em movimento;
- trabalho, exploração e reprodução da vida;
- comunicação, culturas e educação – dinâmicas e alternativas democratizadoras.

Eixos transversais:
- gênero;
- diversidade.

Karachi, Paquistão – de 24 a 29 de março de 2006

Principais temas:
- imperialismo, militarização e conflitos armados na região e movimentos pela paz;
- direito aos recursos naturais, controle da população, privatização e disputas fronteiriças;
- desenvolvimento do comércio e globalização;
- justiça social, direitos humanos e governo;
- Estado e religião, pluralismo e fundamentalismo;
- nação, nacionalidades e identidades étnicas e culturais;
- estratégias de desenvolvimento, pobreza, desemprego e deslocamento;
- movimentos populares e estratégias alternativas;
- mulheres, patriarcalismo e mudança social;
- meio ambiente, ecologia e sustento.

Eixos transversais:
- globalização imperialista;
- patriarcado;
- regime de castas, racismo e exclusões sociais;
- sectarismo religioso, políticas de identidade e fundamentalismo (comunalismo);
- militarismo e paz.

Bamako, Mali – de 19 a 23 de janeiro de 2006

Principais temas:
- guerra, segurança e paz;
- **liberalismo mundializado** – *apartheid* em escala mundial e empobrecimento;
- marginalização do continente e dos povos, migrações, violação dos direitos econômicos, sociais e culturais;
- agressão contra as sociedades campesinas;
- aliança entre o patriarcado e o neoliberalismo e marginalização das lutas das mulheres;
- cultura, mídia e comunicação – crítica e reconstrução, violências simbólicas e exclusões;

- destruição dos ecossistemas, diversidade biológica e controle dos recursos;
- ordem internacional – nações unidas, instituições internacionais, direito internacional, reconstrução da frente do Sul;
- comércio internacional, dívida e políticas econômicas e sociais;
- alternativas que permitirão avanços democráticos, o progresso social e o respeito da soberania dos povos e do direito internacional.

Eixos transversais:
- globalização imperialista;
- patriarcado;
- regime de castas, racismo e exclusões sociais;
- sectarismo religioso, políticas de identidade e fundamentalismo (comunalismo);
- militarismo e paz.

7º FÓRUM SOCIAL MUNDIAL – DE 20 A 25 DE JANEIRO DE 2007, EM NAIRÓBI, QUÊNIA

Principais temas:
- construção de um mundo de paz, justiça, ética e respeito pelas espiritualidades diversas;
- libertação do mundo do domínio das multinacionais e do capital financeiro;
- acesso universal e sustentável aos bens comuns da humanidade e da natureza;
- democratização do conhecimento e da informação;
- dignidade, diversidade, garantia da igualdade de gênero e eliminação de todas as formas de discriminação;
- garantia dos direitos econômicos, sociais, humanos e culturais, especialmente os direitos à alimentação, à saúde, à educação, à habitação, ao emprego e ao trabalho digno;
- construção de uma ordem mundial baseada na soberania, na autodeterminação e nos direitos dos povos;
- construção de uma economia centrada nos povos e na sustentabilidade;
- construção de estruturas políticas realmente democráticas e instituições com a participação da população nas decisões e no controle dos negócios e dos recursos públicos.

8º FÓRUM SOCIAL MUNDIAL – 2008

O Conselho Internacional do Fórum Social Mundial definiu que, em janeiro de 2008, não haveria um evento centralizado do processo FSM. Houve uma semana de mobilização e ação global, marcada por um dia de visibilidade mundial, em 26 de janeiro de 2008, denominado *Dia da Ação Global*.

9º FÓRUM SOCIAL MUNDIAL – DE 27 DE JANEIRO A 1º DE FEVEREIRO DE 2009, BELÉM, BRASIL

Principais temas:
Não houve uma relação predefinida de temas. A Amazônia, a guerra e a paz, a globalização econômica e política, os direitos e a soberania dos povos, as patentes e a comunicação foram os principais temas discutidos nas diferentes assembleias do fórum, bem como nos fóruns paralelos.

Informações sobre o evento:
O fórum contou com movimentos e organizações de 142 países, mais de 2.300 atividades e 133 mil participantes em painéis, debates, seminários, atividades culturais, marchas e espaços abertos para a interação direta entre os participantes do evento na região amazônica. Os participantes vieram de cinco continentes. Entre as 5.808 organizações presentes, 489 vieram da África, 155 da América do Norte, 119 da América Central, 334 da Ásia, 4.193 da América do Sul, 491 da Europa e 27 da Oceania. Mais de 1.300 representantes de nações e povos indígenas e originários estiveram presentes, marcando a mais significante participação em toda a história do Fórum Social Mundial.

FONTE: ADAPTADO DE FÓRUM SOCIAL MUNDIAL, 2007; BALANÇO..., 2009.

Todas essas transformações societárias sinalizam, por um lado, a fragilização e a diminuição do Estado e, por outro lado, o fortalecimento, a organização, a protagonização e a articulação da sociedade civil no enfrentamento das desigualdades produzidas pela sociedade capitalista, intensificadas sob a égide neoliberal. O terceiro setor é produto e produtor dessa afirmação da sociedade civil.

Atividade

1. Com relação aos acontecimentos que evidenciam o surgimento do terceiro setor, quais se configuram como marco histórico no Brasil, permitindo delimitar e identificar iniciativas e atividades que, até bem pouco tempo, não eram caracterizadas e tampouco reconhecidas como do terceiro setor?

    I. Na década de 1980, o movimento denominado *Diretas Já*.

    II. O *impeachment* do então presidente Fernando Collor de Mello (1992), motivado por um movimento nacional pela ética na política.

    III. A Conferência Internacional ECO/92.

    IV. A Campanha Ação da Cidadania Contra a Fome, a Miséria e pela Vida, organizada pelo sociólogo Herbert de Souza, o Betinho.

    V. Governantes recém-eleitos pedem apoio da "sociedade civil organizada" para a implementação de algum projeto de importância local.

    a. Apenas a afirmativa I.
    b. As afirmativas II e III.
    c. Apenas a afirmativa V.
    d. As afirmativas I e IV.
    e. Todas as afirmativas estão corretas.

(2)

Conhecendo o terceiro setor

Arno Vorpagel Scheunemann
Ivone Rheinheimer

O conteúdo a seguir compreende uma incursão teórica com base em diferentes autores que conceituam o terceiro setor. Nesse sentido, visamos abordar alguns conceitos sobre a temática, tendo por objetivo promover uma melhor compreensão do terceiro setor, que venha ao encontro das necessidades das organizações desse setor da sociedade e do trabalho desenvolvido por elas.

A dimensão e o significado do terceiro setor devem ser compreendidos conceitualmente para também o entendermos dentro da conjuntura social, econômica e política que tem determinado a sua configuração no contexto contemporâneo.

O terceiro setor é um movimento mundial e vem sendo objeto de debates de diversas áreas, pois impinge novos modelos de gestão e, consequentemente, uma nova organização social.

Esse movimento caracteriza-se como:

- não governamental, não lucrativo;
- o conjunto de iniciativas particulares com um sentido público;
- complexo e heterogêneo.

Ao enfocarmos seus segmentos, podemos observar que o terceiro setor atua nas seguintes áreas da assistência social:

- formas tradicionais de ajuda mútua;
- movimentos sociais e associações civis;
- organizações não governamentais (ONGs);
- filantropia empresarial.

As transformações societárias revelam cada vez mais novos cenários e novos atores que implementam e acentuam as diferenças gritantes de um país desigual. Esses autores entram em cena por meio da nova ordem mundial, pautada pelo neoliberalismo, que afeta significativamente o Estado brasileiro e as políticas públicas advindas deste. Sendo assim, estas são remetidas à implementação por diferentes organizações/instituições dos diferentes setores: o Estado (primeiro setor), o mercado (segundo setor) e a sociedade civil (terceiro setor).

Para falarmos sobre o terceiro setor, devemos pressupô-lo em um cenário amplo, incluído aos outros demais setores:

- PRIMEIRO SETOR – esfera de governo – recursos públicos (fins públicos).
- SEGUNDO SETOR – esfera do mercado – recursos privados (fins privados e lucrativos).
- TERCEIRO SETOR – esfera privada – recursos privados ou públicos para fins públicos.

Este último não visa à distribuição de lucros: os benefícios da atuação do terceiro setor são para a comunidade, não sendo destinados aos associados, fato que configura a utilidade pública desse setor social e que complementa a atuação do Estado.

No que tange à conceituação do terceiro setor, não existe um consenso ou uma definição única. Cada autor possui sua forma de descrever esse segmento.

Fernandes (1994, p. 21) define o terceiro setor como "um conjunto de organizações e iniciativas privadas que visam à produção de bens e serviços públicos". Para esse autor, podemos perceber a semelhança na conceituação de ONGs e terceiro setor, visto que este último se constitui no conjunto de organizações sem fins lucrativos que possuem por finalidade desenvolver ações de interesse público.

Gonçalves (1999) classifica o terceiro setor como uma esfera de atuação pública, não estatal, formada com base em iniciativas voluntárias, sem fins lucrativos.

Para Ioschpe (2005, p. 27), o terceiro setor é:

> O conjunto das organizações sem fins lucrativos, criadas e mantidas pela ênfase na participação voluntária, num âmbito não governamental, dando continuidade às práticas tradicionais da caridade, da filantropia e do mecenato e expandindo o seu sentido para outros domínios, graças, sobretudo, à incorporação do conceito de cidadania e de suas múltiplas manifestações na sociedade civil.

Para Camargo et al. (2001, p. 15), atuar no terceiro setor em nosso país é

> atuar como agente transformador social, que, com sua missão ímpar de prestar um benefício coletivo, constrói uma nova consciência caracterizada pela urgência de reverter indicadores sociais paradoxais à grandeza econômica e à diversidade imensa de recursos naturais que detém o Brasil.

Segundo Rothgiesser (2002, p. 2), o terceiro setor consiste em iniciativas "privadas que não visam [sic] lucros, iniciativas na esfera pública que não são feitas pelo Estado. São cidadãos participando de modo espontâneo e voluntário, em ações com interesse comum". Sobre essas instituições sem fins lucrativos, Drucker (2002) afirma que elas existem em função do desempenho de mudar as pessoas e a sociedade. Já para Gerone (2008, p. 8), esse setor social pode ser definido da seguinte forma:

> a parte da sociedade civil onde [sic], através de pessoas jurídicas de direito privado sem fins econômicos, são executadas ações de caráter altruísta, ou de prestação de serviços, sem intuito de lucro, voltadas, sobretudo, para o desenvolvimento holístico e sistêmico do indivíduo, da família, das instituições e das políticas públicas sociais, sendo essas ações não exclusivas do estado e não essenciais ao mercado.

De forma sucinta, poderíamos definir o terceiro setor como um conjunto de entidades sem finalidades lucrativas, unidas em prol do bem social, buscando sinergia com o primeiro e o segundo setores. O termo *sem fins lucrativos* hoje passa por um questionamento, visto que o lucro não é, necessariamente, apenas financeiro. Sendo assim, a tendência atual é utilizar a expressão *sem fins econômicos* em contraponto ao mercado, pois o lucro existe, embora não seja monetário.

As características das organizações/instituições/entidades que compõe o terceiro setor estão pautadas na formalidade, na autonomia ou autogovernança, na voluntariedade e na obrigatoriedade da existência de uma função social. Essas organizações estão ligadas à sociedade/comunidade por meio de atos de solidariedade e pelo forte esforço voluntário e não distribuem lucro. Essa função se apresenta como uma espécie de denominador comum em diferentes formas, hábitos, agendas e projetos das organizações desse setor. Não se trata de buscar uma organização formal que o integre por inteiro, uma vez que são diferentes hábitos organizacionais. Instrumentos de integração política vertical seriam de pouca valia, pois o Estado continua a existir e sem ele não há ordem que se sustente. A própria ideia de um projeto comum e global seria problemática – isso porque projetos globais podem ser convincentes para uma minoria militante, mas não é provável que sejam assimilados pelo terceiro setor. As agendas devem ser seletivas. Existem tantas questões e tantas reclamações que nenhum programa será capaz de fazer justiça a todas elas. Assim, pensarmos em terceiro setor não significa induzirmos a nós mesmos a imaginar a sociedade como um grande indivíduo coletivo, uma vez que esse setor reforça a diversidade.

Cada vez mais a realidade evidencia as consequências de um Estado baseado no neoliberalismo e dos novos modelos pretendidos. Esses modelos, na maioria das vezes, não conseguem superar as velhas práticas assistencialistas, trazendo para a discussão a gestão social a fim de viabilizar e implementar os diferentes programas e projetos sociais, pensados para reverter determinadas situações.

As novas configurações do cenário social, diante das transformações societárias que invadem o Brasil – mais precisamente no final do século XX, norteadas pelo referencial neoliberal –, impõem novos modelos políticos, econômicos e sociais. Tais modelos se evidenciam com os ajustes financeiros, as privatizações, o novo modelo de gestão, a lógica de minimização do Estado e, por consequência, a crise do Estado de bem-estar social. Todo esse processo deixa transparecer que a política de proteção social se efetiva para o "reconhecimento dos necessitados, e não de necessidades sociais" (Sposati, 2001, p. 76), ou seja, o enfrentamento em relação ao pobre, e não à pobreza. Portanto, "O paradigma conservador imputa a responsabilidade ao indivíduo, admitindo, quando muito, propostas focalistas sempre fundadas na subsidiariedade" (Sposati, 2001, p. 76).

Nesse sentido, o governo lança programas que viabilizam compensações materiais para os mais pobres, a exemplo do Programa Fome Zero[a], não legitimando as políticas como direito dos cidadãos e não percebendo que, no cenário da atual sociedade brasileira, já se constituem novos pobres, como aquele que já foi trabalhador e cuja força de trabalho foi substituída pela modernização tecnológica, decorrente da flexibilização das relações de trabalho, condição que se impõe também para sobrevivência das empresas no mercado. Sobre essa temática, Telles (2001, p. 101) afirma que

---

a. Para saber mais sobre o Programa Fome Zero, acesse o *site*: <http://www.fomezero.gov.br/>.

A questão do desemprego é, nesse sentido, paradigmática. Sem direitos que garantam a identidade e o estatuto de trabalhador, o rompimento do vínculo do trabalho pode significar uma situação que joga o trabalhador na condição genérica e indiferenciada do não trabalho, na qual se confundem as figuras do pobre, do desocupado, da delinquência ou simplesmente da ociosidade e vadiagem.

Nesse sentido, referimo-nos aos "novos pobres", estes oriundos do não trabalho e que não conseguiram ou não quiseram acompanhar as galopantes transformações tecnológicas, ficando à margem do processo. Um fato que piora a situação desses indivíduos consiste na impossibilidade destes de continuar vendendo sua força de trabalho. Vítimas do não trabalho sofrem diferentes consequências, que os conduzem, não raras vezes, em caráter de alternativa emergencial, a se incluírem como usuários de algum programa "social".

Atualmente, o Estado não é mais caracterizado apenas pela descentralização em escala federal, estadual e municipal, mas também por se valer de organizações da sociedade civil para implementar muitos de seus programas. Isso ocorre por meio do repasse de recursos do primeiro setor para implementação de muitas políticas pelo terceiro setor. Nele são consideradas as organizações sociais (OS), as organizações filantrópicas (OF) e as organizações da sociedade civil de interesse público (Oscips)[b].

Para Melo (1996), a descentralização ainda não sofreu uma avaliação, evidenciando limites e avanços nesse processo, mas antecipa algumas situações identificadas não só em países tidos como EMERGENTES OU EM DESENVOLVIMENTO, mas também nos países considerados DESENVOLVIDOS, nos quais as práticas assistenciais não são viabilizadas como um direito. Em relação a isso, o mesmo autor alerta para:

- a transferência de receitas para um setor sem a responsabilidade de geração de novas receitas;
- o risco moral em uma situação contratual na qual o contratante perde o controle sobre o contrato;
- o uso de recursos para diferentes fins, que não aqueles propostos como prioritários ou definidos com a participação de todos os envolvidos;
- a falta de definições de competências e as burocracias locais com baixa qualificação;
- a perda da capacidade regulatória por parte do Estado;
- a fragmentação em relação às demais políticas (Melo, 1996).

---

b. As Oscips são regulamentadas pela Lei nº 9.790, de 23 de março de 1999 (Brasil, 1999a).

A perda da capacidade regulatória se expressa com ênfase muito forte em ações emergenciais, muitas vezes não garantindo a assistência social como direito. A iniciativa de abordarmos essa temática aqui se faz pertinente, pois essa transferência de recursos públicos para organizações do terceiro setor se constitui com base em uma proposta de captação de recursos para programas ou projetos sociais, que tem como objetivo viabilizar e implementar propostas que também venham ao encontro dos interesses governamentais. Com essa finalidade, o Estado disponibiliza recursos a fim de que se materializem programas/projetos de política pública por meio de terceiros.

É pertinente, dentro dessa temática, referirmo-nos às empresas e à responsabilidade social destas, questão que convoca o voluntariado para ações de solidariedade que se expressam significativamente na relação Estado-sociedade. As empresas se preocupam em ser socialmente responsáveis, desenvolvendo atividades próprias ou disponibilizando recursos. Nesse sentido, elas passam a incorporar um novo modelo de gestão, expressa por valores éticos e princípios que visam à satisfação do cliente, à qualidade dos produtos, à humanização das relações de trabalho e ao respeito e preservação do meio ambiente. Isso se evidencia como um diferencial competitivo de seus negócios. Porém, o que pretendemos com essa abordagem é refletir sobre ela e questionar: O que está em jogo é a finalidade social da empresa? Sua função é a de assumir a gestão do social? Isso não é, a princípio, pensado como de responsabilidade governamental?

As empresas demonstram, assim, interesse pelas demandas sociais emergentes excludentes, o que é fundamental diante do agravamento e da proliferação da pobreza, da exclusão e da privação de bens essenciais por parte de um número cada vez maior de pessoas. Consequentemente, essas ações contribuem para minimizar, mas não para efetivamente enfrentar situações decorrentes do agravo das expressões advindas da questão social.

É possível entender a intencionalidade de integrar novos agentes dos diferentes setores como uma estratégia de proximidade, que interfere de forma mais direta e sensível nas condições de vida da população. O desafio dessa parceria entre os diferentes setores pode vir a se constituir uma estratégia para a garantia e a implementação das políticas de assistência social como direito.

Conforme Sposati (2001, p. 77),

> Há uma profunda distinção entre a prática de subsidiariedade e a de parceria no âmbito de assistência social. A prática de subsidiariedade nega ou fragiliza a responsabilidade do Estado e direciona a ação para que as organizações assumam os serviços. A prática de parcerias entende que o avanço da democracia exige a pressão de uma sociedade que se corresponsabiliza pelas desigualdades sociais e pela redistributividade. Entretanto, qualquer parceria deve estar assentada na política pública

e no compromisso de Estado. Ela ajuda a avançar a universalização de direitos pela corresponsabilização social.

Devemos acrescentar a isso a capacidade de uma gestão participativa constituir-se uma possibilidade para garantia de direitos sociais. Isso é possível, desde que o Estado atribua para si o papel de regulador da efetiva implementação das políticas nos diferentes setores e garanta o financiamento mínimo ou básico, contemplando os direitos do cidadão e a participação dos usuários nas decisões e na implementação de programas que lhes digam respeito.

Atividades

1. Para falarmos sobre o terceiro setor, devemos pressupô-lo em um cenário amplo, incluído aos outros demais setores.

   A esse respeito, relacione os setores da economia às suas respectivas esferas de atuação e fontes de arrecadação e, em seguida, assinale a alternativa que indica a sequência correta.

   (1) Primeiro setor
   (2) Segundo setor
   (3) Terceiro setor

   (   ) Recursos privados (fins privados e lucrativos).
   (   ) Esfera privada – recursos privados ou públicos para fins públicos.
   (   ) Esfera de governo – recursos públicos (fins públicos).

   a. 3, 2, 1.
   b. 1, 3, 2.
   c. 2, 3, 1.

2. Complete as lacunas das sentenças a seguir.

   Atualmente, o Estado não é mais caracterizado apenas pela descentralização em escala federal, estadual e municipal, mas também por se valer de organizações da sociedade civil para implementar muitos de seus programas, principalmente pela demanda das áreas da assistência social, saúde, educação, esporte, lazer, meio ambiente e direitos humanos.

   Isso ocorre por meio do repasse de recursos oriundos do _____ e do _____ para sua implementação.

a. primeiro/terceiro setor.
b. segundo/terceiro setor.
c. terceiro/segundo setor.
d. primeiro/segundo setor.

(3)

Voluntariado

Arno Vorpagel Scheunemann
Ivone Rheinheimer

O trabalho voluntário tem tomado novas e importantes dimensões no atual contexto social pelas relevantes e continuadas ações do terceiro setor. Até bem pouco tempo, as palavras *voluntário* e/ou *voluntariado* remetiam a atividades isoladas de iniciativa pessoal e eventual. Hoje, podemos verificar que, para além de organizações do terceiro setor, o empresariado é chamado a empreender iniciativas para sensibilizar e mobilizar funcionários a colaborarem, por meio de iniciativas criativas, sistemáticas e organizadas, com as organizações não governamentais (ONGs).

O terceiro setor tem na sua gênese a solidariedade, que se concretiza por meio de ações de pessoas voluntárias, isto é, motivadas a ajudar em trabalhos sociais, na maioria das vezes, pela autossatisfação. Conforme Silva (2004), muitos estão dispostos a ajudar, desde que isso não lhes exija muito, que o trabalho seja reconhecido e que satisfaça plenamente quem o realiza. Todavia, o voluntariado organizado requer um novo perfil, mais compromissado e sistemático, identificado com as expressões da questão social, bem como com as ideologias e políticas que contribuem para um novo contexto social.

Muitas organizações podem ser mencionadas como exemplo de instituições e movimentos significativos que desenvolvem ações imprescindíveis à sociedade, tais como:

- a Cruz Vermelha, fundada em 1863 (Comitê Internacional) e implementada no Brasil desde 1908;
- o escotismo (originado em 1908, na Inglaterra, e implementado em 1910 no Brasil);
- a Legião Brasileira de Assistência, presidida pelas primeiras-damas do Executivo Nacional, instituída pelo presidente Getúlio Vargas em 1942 e extinta no governo do presidente Fernando Henrique Cardoso (1995--2002), posteriormente substituída pela Comunidade Solidária;
- o Projeto Rondon – universidades nas comunidades carentes, criado em 1967;
- a Pastoral da Criança (Igreja Católica – 1983);
- o Programa Nacional de Voluntários – 1996;
- a Lei nº 9.608, de 18 de fevereiro de 1998 – Lei do Voluntariado (Brasil, 1998a).

Para a Organização das Nações Unidas (ONU), citada pelo Portal do Voluntário (2009), "voluntário é o jovem ou adulto que devido ao seu interesse pessoal e ao seu espírito cívico, dedica parte de seu tempo, sem remuneração alguma, a diversas formas de atividade, organizadas ou não, de bem-estar social ou outros campos".

Para a Fundação Abrinq, citada por Wilheim e Corullón (1996, p. 1), voluntário é o

> *ator social e agente de transformação, que presta serviço não remunerado em benefício da comunidade, doando seu tempo e conhecimentos; realizando um trabalho gerado pela energia de seu impulso solidário, atendendo tanto às necessidades do próximo ou aos imperativos de sua causa, como às suas próprias motivações pessoais, sejam estas de caráter religioso, cultural, filosófico, político e emocional.*

O voluntariado, segundo a International Association for Volunteer Effort (Iave), instituição citada por Freitas e Ventura (2009), é um "serviço comprometido com a sociedade, baseado na liberdade de escolha, que promove um mundo melhor para toda a sociedade".

O serviço voluntário é a ação que não substitui o dever do Estado e nem conflita com o trabalho remunerado. A iniciativa do voluntariado demonstra a capacidade da sociedade em assumir a responsabilidade de agir por si mesma. A motivação para o voluntariado acontece pelo impulso emocional e pela convicção de fazer a diferença de todos os envolvidos.

Os principais segmentos dessa área de trabalho são os seguintes: assistência social, saúde, educação, esporte, lazer, meio ambiente, direitos humanos. Em qualquer uma das áreas, é imprescindível cuidar da assinatura do Termo de Adesão ao Serviço Voluntário[a], **a fim de evitar dissabores no que diz respeito às relações e aos direitos trabalhistas**. Uma única ação trabalhista pode liquidar uma organização inteira. Por essa razão, não importa se estamos lidando com uma pessoa conhecida, amiga ou não, na administração do terceiro setor em especial; o fato é que os interesses da organização precisam ser protegidos. O Termo de Adesão ao Serviço Voluntário é um instrumento imprescindível nesse sentido.

O trabalho voluntário também constitui:

- uma possibilidade de abertura para novas possibilidades de trabalho;
- não só generosidade e doação;
- uma oportunidade para o aprendizado;
- a satisfação de se sentir útil;
- a criação de novos vínculos de pertencimento social.

Para finalizar este capítulo, abordaremos os direitos e os deveres dos voluntários, bem como a assessoria e a capacitação que estes devem receber em seu trabalho.

Os direitos do voluntário são os seguintes: ser informado, apoiado, assessorado e acompanhado para entender e enfrentar problemas que possam surgir na realidade da prática do seu trabalho, de forma que tal instrução lhe possibilite desempenhar tarefas que o valorizem como indivíduo e que se constituam um desafio, para que possa ampliar e desenvolver suas habilidades, conhecer todas as tarefas e escolher os segmentos dos quais deseja participar.

Os deveres do voluntário são: conhecer a instituição e/ou a comunidade onde desenvolve seu trabalho; dar o melhor de si naquilo com o que tiver se comprometido; só se comprometer com aquilo que de fato puder fazer; manter assuntos confidenciais em absoluto sigilo; fazer constantemente uma autoavaliação de suas atividades.

---

a. Nos apêndices deste livro, você encontra um modelo de Termo de Adesão ao Serviço Voluntário.

A assessoria da ONG em que o voluntário participa deve contribuir na preparação do voluntariado, promover o aprimoramento dos conhecimentos, proporcionar vivências práticas do trabalho voluntário, acolher percepções e sentimentos e contribuir para a autorrealização e a valorização pessoal.

A capacitação do voluntariado deve contar com aspectos sociais e psicológicos dos envolvidos. Os aspectos psicológicos são importantes no resgate de histórias de vida, relações interpessoais, individuais, grupais e intergrupais, iniciativa que visa à melhoria da qualidade de vida de todos os que participam da ação voluntária. Os aspectos sociais devem possibilitar reflexões sobre o trabalho, sobre as políticas e o contexto da ONG, além de conferir um novo significado social para as ações e contribuir na elaboração de alternativas para minimizar e/ou suprir vulnerabilidades sociais, econômicas, relacionais e pessoais e buscar a garantia de direitos e cidadania, visando à melhoria da qualidade de vida dos usuários.

Atividade

1. O serviço voluntário é a ação que não substitui o dever do Estado, sendo um trabalho não remunerado. A iniciativa do voluntariado demonstra a capacidade da sociedade em assumir a responsabilidade de agir por si mesma. A motivação para o voluntariado acontece pelo impulso emocional e pela convicção de fazer a diferença de todos os envolvidos. Mas esse espaço também tem se mostrado como uma possibilidade para:

    ( ) I. somente generosidade e doação.
    ( ) II. uma oportunidade para o aprendizado.
    ( ) III. satisfação de se sentir útil.
    ( ) IV. criação de novos vínculos de pertencimento social.

    Estão corretas apenas as afirmativas:
    a) I e III.
    b) II e III.
    c) II, III e IV.
    d) I, III e IV.

(4)

Gestão social

Arno Vorpagel Scheunemann
Ivone Rheinheimer

Para compreendermos a gestão social que se configura na realidade brasileira atual, é imprescindível entendermos que a "gestão do social é, em realidade, a gestão de demandas e necessidades dos cidadãos. A política social, os programas sociais, os projetos são canais e respostas a estas necessidades e demandas" (Carvalho, 1999, p. 19).

Constatamos que as ações que efetivamente são construídas pelo Estado brasileiro atual não mais se constituem na perspectiva da garantia dos direitos, pois o que se vê é o trato residual das demandas dos cidadãos, a fragilidade financeira das políticas sociais e o contorno de uma articulação entre o Estado (primeiro setor), o mercado (segundo setor) e a sociedade civil (terceiro setor). Tais alterações apontam para a emergência de um modelo de gestão social na qual as ações sociais públicas passam a ser operadas por agentes oriundos de outros setores da sociedade, basicamente, do segundo e do terceiro setor.

A gestão social é uma tendência que vem sendo discutida e construída, principalmente para atender às demandas emergentes do cenário social por diferentes setores. Essas demandas se agravam com a reestruturação, não só produtiva, mas também decorrente da relação Estado-sociedade, como alternativa à crise do Estado de bem-estar social. Podemos dizer que é um fenômeno que vem pautando, ainda que timidamente, algumas discussões, com o objetivo de **tornar a gestão das políticas sociais mais eficientes e abertas à sociedade.**

O modelo de gestão adotado pelo Estado ocorre, inicialmente, com a descentralização intragovernamental (federal/estadual/municipal). Outra direção é a de dentro para fora da organização estatal, ou seja, a parceria do Estado com a sociedade, e a descentralização das ações sociais para as organizações não governamentais (ONGs) e demais entidades que constituem o terceiro setor, e com outras organizações privadas do segundo setor, que, na maioria das vezes, buscam atender demandas do entorno de onde estão localizadas.

O que hoje se verifica ainda é a desconcentração e não a articulação de possibilidades, pois tal iniciativa requer que os diferentes setores estejam envolvidos nos processos decisórios, fato que não ocorre. O terceiro setor apenas executa funções que lhes são delegadas nos processos decisórios da máquina pública e o segundo setor toma iniciativas em relação à sociedade com base no novo paradigma da responsabilidade social. Esse novo paradigma, por sua vez, constitui-se um diferencial competitivo de seus negócios. O envolvimento da sociedade civil no processo decisório das organizações constitui-se ainda em um longo **caminho a ser trilhado, pois** o que verificamos em relação às decisões, indiferentemente do setor, é que elas ainda emergem das cúpulas organizacionais, voltadas, na maioria, aos interesses da organização.

Figura 4.1 – O circuito dos setores

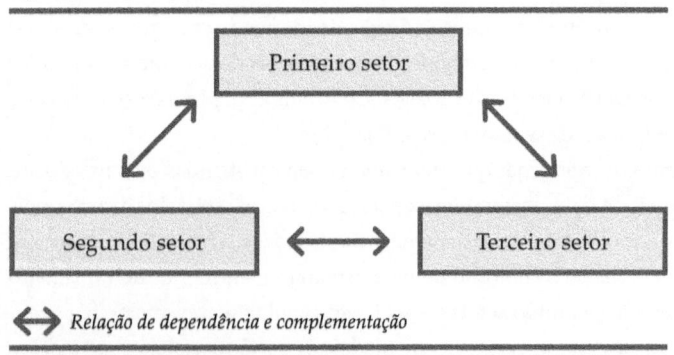

```
                    ┌──────────────────┐
                    │  Primeiro setor  │
                    └──────────────────┘
                    ↙                ↘
    ┌───────────────┐                  ┌───────────────┐
    │ Segundo setor │  ⟵⟶              │ Terceiro setor│
    └───────────────┘                  └───────────────┘

    ⟵⟶  Relação de dependência e complementação
```

Interagir com os diferentes setores – na perspectiva de negociações e deliberações, em busca de alternativas democráticas e politizadas, reinventando formas, criando e inovando, buscando caminhos ainda não trilhados – representa uma alternativa para a politização e a efetivação de direitos. Na perspectiva defendida neste livro, os três setores compõem um circuito; logo, todos dependem de todos e todos complementam a todos. Tirando um dos elementos, o todo se torna inviável. Práticas ancoradas nessa interação dos três setores rompem com a cultura assistencialista, clientelista e filantrópica, executada ainda hoje por esses mesmos setores. O Estado se propõe a implementar as políticas que possam fazer frente às situações de exclusão, desigualdade e empobrecimento dos sujeitos. Muitas vezes, porém, ele não possui dispositivos capazes de pensar a emancipação dos sujeitos com capacidade humana e potencial para se fazerem socialmente participativos, tornando-os, na maioria das vezes, clientes de um favor, e não cidadãos de direito.

Nesse contexto, a filantropia empresarial se constituiem uma alternativa importante, praticada atualmente como "a ação social voluntária da empresa na comunidade, realizada de forma pontual, pouco profissional, pouco planejada e com pequeno impacto de mudança da realidade daqueles que são beneficiados" (Mostardeiro, 2002, p. 34).

O Quadro 4.1 a seguir apresenta as principais diferenças entre filantropia, que tem na sua gênese o assistencialismo, e assistência, que pode ser viabilizada pelo investimento social.

Quadro 4.1 – Principais diferenças entre filantropia e investimento social

FILANTROPIA	INVESTIMENTO SOCIAL
Paternalismo: • só atende às necessidades, sem buscar as causas e contextualizá-las histórica, política e culturalmente; • não considera se tais problemas se repetirão posteriormente; • resolve o problema aqui e agora.	Desenvolvimento: • preocupação com a realidade que se quer ter depois do ato realizado; • mais estratégico; • mais elaborado; demanda induzida.
• Demanda espontânea; • atitude reativa.	• Demanda induzida: • quem oferece pode definir regras e escolher onde aplicar dinheiro; • profissionalização do doador.

(continua)

(Quadro 4.1 – conclusão)

Filantropia	Investimento social
• Reagir ao presente; os problemas que aparecem hoje são aqueles que se tentam resolver. Ex.: catástrofes.	• Projeto futuro; • futuro alterado pela projeção feita.
• Resultados. Ex.: Tem-se de tirar um grupo de pessoas de uma região alagada.	• Processos; busca as causas; mobiliza a população para reivindicar melhorias junto aos órgãos competentes; • identifica necessidade de educação em relação ao meio ambiente etc.
• Preocupa-se com a organização em si; • crise – como a organização se mantém; • depende de problemas para continuar a existir como organização.	• Preocupa-se com programas e projetos; • opera os projetos por meio da organização; • trabalha para que os problemas não mais existam.
• Centrado no doador; satisfação do doador; • "o ato de doar acaba no cheque".	• Centrado no receptor; • pensa no outro; • "o ato de doar começa no cheque"; • o lucro esperado está no benefício social; • o doador espera esse resultado e acompanha a efetivação do mesmo.

Fonte: Adaptado de Cruz, 2001.

A implementação com base nos diferentes setores é uma direção que se viabiliza em benefício de uma hegemonia pautada na construção do direito e de políticas que deem conta da pobreza, e não apenas do pobre. Trata-se de um direito a ser conquistado.

Para Silva (2004), os apelos da sociedade civil à solidariedade significam a emergência, o protagonismo, a organização e a criatividade de variados sujeitos e interlocutores, na busca de novas formas de gestão social. Isso ocorre diante do esvaziamento das funções do Estado, que atribui para si apenas a função de regulador e financiador de políticas públicas de direito, o que, a princípio, cumpre apenas com o papel de oferecimento de subsídios financeiros.

Segundo esse mesmo autor,

> a reforma do Estado é necessária e urgente, no sentido de convertê-lo em moderno, ágil e transparente instrumento de justiça social. Outra coisa é um projeto de reforma pelo qual se desmonta a nação, entregando o patrimônio público a "compradores" privados, desobrigando o poder público quanto às políticas sociais e submetendo os serviços sociais – competitivos e não exclusivos do Estado, assim concebidos – à lógica mercantil. (Silva, 2004, p. 168)

O grande desafio é justamente buscarmos alternativas para o que se encaminha nessa direção. Nesse sentido, entendemos a gestão social como uma possibilidade para planejar e desenvolver um processo que viabilize os diferentes setores que se ocupam com as múltiplas expressões da questão social. A perspectiva é tentar reverter as ações isoladas e fragmentadas, como a privatização das políticas, para que estas se constituam espaços democráticos, de parcerias e participação, o que torna indeclinável a assistência como um direito social.

Sposati (2001) afirma que a assistência social, para se viabilizar como uma política de inclusão, precisa estabelecer elos solidificados pela democracia entre todos os segmentos. Segundo a autora, cabe ao Estado criar esse lugar de encontro para provocar a extensão do conceito de cidadania aos que não foram ainda atingidos pela ação pública. Ela aponta, ainda, que os conselhos de assistência social devem se constituir como fóruns de debates deliberativos e executivos para possibilidades de avanços.

O modelo preconizado pela Constituição de 1988 (Brasil, 1988), com base na tríade Conselho, Plano e Fundo, conforme Silva (2004), representou avanços na democratização das ações locais. Apesar disso, o autor acrescenta que, na maioria das decisões tomadas pelo Estado, o cidadão fica de fora, e a propagada participação popular não encontra eco na realidade. Para o autor, a reforma desarticula políticas e serviços, transferindo para o mercado e para a sociedade civil atribuições indelegáveis do Poder Público.

Esse fato se apresenta como paradoxo: há necessidade de um comando centralizado, mas a lógica das políticas sociais implica a desconcentração da gestão. Silva (2004) ainda aponta que, na área da saúde e da educação, a municipalização desobriga o Estado dessas responsabilidades, mas isso não acontece pela precarização de muitos serviços, seja por incompetência na gestão, seja por falta de recursos. O que se verifica é que houve avanços na assistência social, graças à Lei nº 8.742, de 7 de dezembro de 1993, Lei Orgânica de Assistência Social – Loas (Brasil, 1993). Nessa nova perspectiva, ela se opõe à prática assistencialista, caracterizando-se como política pública – direito de cidadania e dever do Estado. O cidadão sai da condição subalterna de "assistido" e assume a posição de "usuário" dessa política. Ao ser definida legalmente como política pública, a assistência social é direito de cidadania e está voltada para a promoção e o desenvolvimento humano, e não para o alívio de situações pontuais, sem efetivamente provocar mudanças e transformar realidades. Ainda é possível verificarmos a falta de unidade programática e operacional, de sustentabilidade, assim como a subalternização da política de assistência em relação a outras políticas públicas.

A gestão fundamentada nos diversos setores é uma prática social que vem sendo construída com base na existência de profundas insatisfações. Isso ocorre principalmente no que se refere à capacidade de outros setores, que não o Estado, em dar respostas às demandas sociais e aos problemas complexos de nossa sociedade. Identificar concretamente as causas e não as necessidades genéricas da população implica o rompimento com ações focalizadas e a identificação de necessidades, e não de necessitados, como preconiza a Loas.

Essa lei propõe ações conjuntas para os diferentes setores, ciente de que a assistência social é um dos caminhos para o enfrentamento dos graves problemas sociais brasileiros, no sentido de promover a inclusão e minimizar a desigualdade. Como bem expressa a Loas, as ações não podem ser homogeneizadas pela relevante densidade populacional do país e, ao mesmo tempo, pelo "seu alto grau de heterogeneidade e desigualdade socioterritorial, presente entre os seus 5.561 municípios" (Brasil, 1993, p. 37). Urge construir ações definidas com base na realidade regional, prevista no processo de territorialização, articuladas às demais políticas com as diferentes organizações, dos diferentes setores que efetivamente operacionalizam as políticas públicas.

Finalizando este capítulo, apresentamos um quadro-síntese para uma visão panorâmica do mundo no qual a gestão social está inserida.

Quadro 4.2 – Configuração da gestão social no Brasil

Primeiro setor (Estado)	Segundo setor (Mercado)	Terceiro setor (Sociedade civil)
• poder instituído; • partidarismo; • omissão; • redução de gastos; • enxugamento administrativo;	• terceirização; • tecnologia de ponta; • competitividade; • exclusão; • tendência do mercado;	• parcerias; • dependência financeira dos demais setores; • amenização das demandas do Estado;

(continua)

(Quadro 4.2 – conclusão)

Primeiro setor (Estado)	Segundo setor (Mercado)	Terceiro setor (Sociedade civil)
• transferência de suas atribuições; • firmação de parcerias; • terceirização; • má gestão financeira; • desorganização; • interferência partidária; • organização burocrática; • autodenominação de democrático; • pautação pela Constituição Federal/1988; • despreparo para as demandas sociais; • desresponsabilização; • Estado falido no seu modelo de financeirização; • descentralização da questão social; • escassez de recursos; • ações paliativas e emergenciais; • municipalização.	• ampliação do investimento social; • globalização; • autonomia; • intervenção no social pelo retorno por meio do *marketing*, do lucro e dos incentivos fiscais; • instabilidade; • movimento do mercado financeiro; • requisição para atuar no social por outros setores; • exigência do mercado para intervir no social.	• novo campo de trabalho para profissionais em geral; • dificuldade de gestão (administrativa e financeira); • desqualificação dos agentes; • utilização do setor para captar recursos para fins próprios; • mobilização da sociedade; • expansão rápida; • ações assistencialistas *versus* ações alternativas e inovadoras.

Atividade

1. A gestão social com base nos diversos setores é uma prática social que vem sendo construída. Isso ocorre principalmente no que se refere à capacidade de outros setores, excluindo-se o Estado, em dar respostas às demandas sociais e aos problemas complexos de nossa sociedade, desbravando caminhos para:

   I. promover a inclusão e minimizar a desigualdade.
   II. identificar concretamente as causas e não apenas as necessidades genéricas da população.
   III. romper com ações imediatistas e descontinuadas, focalizadas na piedade e na generosidade.
   IV. construir ações definidas com base na realidade regional, preferencialmente prevista no processo de territorialização.

   Quais dos enunciados anteriores correspondem aos pressupostos teóricos da gestão social?
   a) Apenas I e III.
   b) Apenas II e IV.
   c) Apenas IV.
   d) Todos os enunciados estão corretos.
   e) Apenas I e III.

(5)

Tipos de organizações
do terceiro setor

Arno Vorpagel Scheunemann
Ivone Rheinheimer

As organizações da sociedade civil que compõem o terceiro setor são denominadas de *entidades, organizações, associações, instituições,* entre outras designações. Indiferentemente da terminologia, são organizações privadas e atuam em atividades de interesse público. Portanto, para uma melhor compreensão dessas organizações que compõem o terceiro setor, vamos conhecer a seguir diferentes tipos delas, detalhando algumas que mais se destacam em nossa sociedade.

O terceiro setor existe em virtude das novas demandas sociais emergentes e da falta de condições plenas de atendimento por parte do Estado. Os apelos da **sociedade civil à solidariedade significam a emergência, o protagonismo, a orga**nização e a criatividade de variados sujeitos e interlocutores na busca de novas formas de gestão social. Isso ocorre diante da minimização das atribuições do

Estado, que designa para si apenas o papel de regulador e financiador da seguridade social, o que, a princípio, corresponde apenas à sua função de provedor de recursos.

Ele é composto pelos seguintes segmentos da sociedade: associações, fundações, sindicatos, cooperativas, igrejas e organizações não governamentais (ONGs). Como o próprio nome indica, trata-se de organizações não governamentais que abrangem todas as organizações de natureza não estatal (Camargo et al., 2001). Os três principais segmentos do setor são as associações, as fundações e as organizações religiosas, as quais são conceituadas e caracterizadas a seguir.

(5.1) Associações

São as que mais representam o setor, inclusive no que diz respeito à quantidade destas: as associações representam cerca de 70% de todo o terceiro setor. São legalmente constituídas como entidades jurídicas de direito privado, destinadas à prática de atividades culturais, sociais, religiosas e recreativas. Segundo Camargo et al. (2001), são reuniões de pessoas com a finalidade de oferecer conhecimento e serviços em torno de um mesmo ideal, tendo o mesmo objetivo em comum, mas jamais com interesses lucrativos.

As associações são constituídas pela união de pessoas para a realização e a implementação de objetivos e ideais comuns. Caracterizam-se por reuniões de pessoas associadas para a obtenção de seus fins, que não se pautam na lucratividade financeira, e sim na social. Seu nascimento e vida dependem de patrimônio para sua constituição.

A constituição de uma associação ocorre por decisão em uma assembleia de fundação, passando a existir após a inscrição desta no constitutivo intitulado *Ata de fundação* e no *Estatuto social*, um conjunto de cláusulas que relaciona a entidade com seus fundadores, dirigentes e associados, determinando-lhes direitos e obrigações.

Esse estatuto deve ser registrado em um cartório de registro de pessoas jurídicas, com a declaração de todos os integrantes concordando em se reunirem em prol de objetivo comum desprovido de motivações financeiras.

As associações podem ter um enorme leque de objetivos, conforme o inciso XVII do art. 5º, capítulo I, título II, da atual Constituição Federal (Brasil, 1988): "é plena a liberdade de associação para fins lícitos, vedada a de caráter paramilitar". A estrutura de gestão é de livre regulação. O inciso XX do mesmo artigo também toca em um ponto interessante: "ninguém poderá ser compelido a associar-se ou a permanecer associado".

Melchor (1998) acrescenta que a associação deverá obter a inscrição com a Receita Federal (Cadastro Nacional de Pessoa Jurídica – CNPJ), além de contar com registro no Instituto Nacional de Seguridade Social (INSS) e na prefeitura municipal de sua respectiva cidade. No caso da associação exercer comércio, precisará também de inscrição na Secretaria da Fazenda (Inscrição Estadual – IE).

As associações podem ter os seguintes perfis:

- Associativismo – Clubes recreativos, de futebol, associação de moradores, de empregados de uma determinada empresa (associação de funcionários) etc.
- Beneficentes – Organização/instituição de educação, saúde e de assistência social. Até bem pouco tempo, essas instituições eram denominadas de *filantrópicas*. Buscam diplomas e titulações para a obtenção de recursos públicos e também beneficiam os doadores com renúncia fiscal. Seus dirigentes não podem ser remunerados. As organizações de assistência social devem manter 20% de gratuidade em seus serviços. As de saúde devem atender 60% de seu público pelo Sistema Único de Saúde (SUS) e as de educação devem conceder 20% da renda bruta em gratuidade (bolsas de estudo).
- Organizações da Sociedade Civil de Interesse Público (Oscip) – Têm como característica principal a possibilidade de firmar termos de parceria com o Poder Público e de remunerar seus dirigentes de acordo com o mercado. Exigem a criação de um conselho fiscal e a realização de auditorias.

O foco das associações está nas pessoas, voltadas para as mais diversas possibilidades de qualificar a vida em sociedade.

(5.2) Fundações

O foco é em função dos bens destinados à universalidade para um fim determinado de interesse coletivo – bens que saem da esfera privada e são destinados ao fim social. O patrimônio de uma fundação deve ser autossuficiente para a realização das atividades de interesse público. No entanto, essa instituição implica a existência de patrimônio prévio e de um instituidor. As fundações também podem ser beneficentes, obtendo título e qualificação, inclusive de Oscip.

Conforme Camargo et al. (2001), fundação é um patrimônio que, associado a uma ideia do instituidor, é colocado a serviço de um fim determinado. A existência de um patrimônio é a premissa básica para a formação de uma fundação. Além disso, precisa haver o interesse de destinar esse bem ao interesse de utilidade pública.

Para Melchor (1998), uma fundação é aquela que destina seu patrimônio em benefício da comunidade (ou parte dela), sendo definida por um estatuto social sujeito à averiguação e à aprovação do Ministério Público.

A atuação da fundação não pode ser genérica, mas específica, normalmente delimitada por seu instituidor, ou executor da vontade deste. Normalmente, as fundações são criadas sob duas hipóteses: por ato *inter vivos* (escritura pública) ou por *causa mortis* (testamento). Isto é, ou um grupo de pessoas se associa para criar uma fundação ou ela é criada com base no testamento deixado por uma pessoa falecida.

Em ambos os casos, existe a necessidade de aprovação por parte do Ministério Público do estatuto social da fundação. Somente após essa aprovação será possível lavrar escritura de constituição, que deverá ser registrada em um cartório de títulos e documentos. Portanto, o foco está nos bens que saem da esfera privada e que devem ser destinados unicamente ao fim social. Os objetivos das fundações devem estar voltados para a cultura, a moral, a assistência social, a educação, a saúde, a ecologia e a religião. É preciso termos clareza e não confundirmos uma organização religiosa com uma fundação de fins religiosos.

(5.3) Organizações religiosas

São as organizações confessionais caracterizadas pela vivência e propagação de uma fé fundamentada em uma ideologia, doutrina ou filosofia religiosa. Não podem obter as titulações e qualificações próprias das fundações e associações, exceto se previsto em alguma lei orgânica municipal ou constituição estadual que lhes confiram o título de utilidade pública.

Na prática, as organizações religiosas são compostas por pessoas que se associam para demonstrarem, por meio de ações, a fé que confessam. Legalmente, essas organizações consistem em pessoas jurídicas de direito privado, sem fins lucrativos ou econômicos. Para Gerone (2008), é possível afirmar que as organizações religiosas fazem parte do terceiro setor. O Código Civil de 1916 – Lei nº 3.071, de 1º de janeiro de 1916, art. 16, inciso I (Brasil, 1916) – já qualificava as organizações religiosas como pessoas jurídicas de direito privado, organizadas sob a forma de sociedades religiosas. Não figuram mais na Lei nº 10.406, de 10 de janeiro de 2002, conhecida como *Novo Código Civil* (Brasil, 2002), que exclui as sociedades sem fins econômicos. Todavia, a Lei nº 10.825, de 22 de dezembro de 2003 (Brasil, 2003), que dá nova redação a alguns artigos do código em questão, define: "são livres a criação, estruturação e organização de instituições religiosas, sendo vedado ao poder público negar-lhes o reconhecimento ou registro

[...] necessários ao seu funcionamento". Existe, no entanto, uma discussão doutrinária sobre a dúvida que diz respeito à inserção dessas organizações religiosas no terceiro setor. Todavia, a Igreja continua sendo pessoa jurídica de direito privado de natureza eclesiástica e, portanto, separada do Estado laico.

Atividade

1. O terceiro setor é composto por:

   I. ONG – Organizações não governamentais constituídas unicamente por associações legalmente constituídas como entidades jurídicas de direito privado.
   II. Associações de moradores e associações de empregados de uma empresa que possui responsabilidade social.
   III. Organizações e instituições de educação, de saúde e de assistência social.
   IV. Organizações da Sociedade Civil de Interesse Público (Oscip).
   V. Fundações e organizações religiosas.

   Estão corretas as afirmativas:
   a) I e II apenas.
   b) I e III apenas.
   c) III, IV e V apenas.
   d) II e V apenas.
   e) II e IV apenas.

(6)

Marco legal
do terceiro setor

Arno Vorpagel Scheunemann
Ivone Rheinheimer

Um marco é uma referência, nesse caso, baseada na legislação vigente que contribui para o entendimento das diferentes organizações da sociedade, servindo-lhe também como base legal, sejam públicas ou privadas de interesse público. Estas se legitimam por meio do cumprimento dos pressupostos legais vigentes e atrelados à Lei Maior, ou seja, à Constituição Federal de 1988 (Brasil, 1988). Isso é o que estudaremos a seguir: o marco legal do terceiro setor.

Existem centenas de normas – esparsas, extravagantes, sem codificação, sem classe hierárquica – definidas para o terceiro setor que são mudadas quase que diariamente (Gerone, 2008), o mesmo ocorrendo com as portarias, circulares e instruções normativas. Portanto, focaremos aqui os principais atos normativos relacionados ao terceiro setor. Vejamos, primeiramente, os subsídios legais da Constituição Federal e do Código Civil brasileiros.

(6.1) Constituição Federal

Da Constituição Federal de 1988, é necessário destacarmos os seguintes artigos e incisos:

> Art. 5°. [...]
> XVII – é plena a liberdade de associação para fins lícitos, vedada a de caráter paramilitar;
> XVIII – a criação de associações e, na forma da lei, a de cooperativas independem de autorização, sendo vedada a interferência estatal em seu funcionamento;
> XIX – as associações só poderão ser compulsoriamente dissolvidas ou ter suas atividades suspensas por decisão judicial, exigindo-se, no primeiro caso, o trânsito em julgado;
> XX – ninguém poderá ser compelido a associar-se ou a permanecer associado; [...]
> Art. 37. A Administração Pública direta, indireta ou fundacional, de qualquer dos Poderes da União, dos Estados, do Distrito Federal e dos Municípios obedecerá aos princípios de legalidade, impessoalidade, moralidade, publicidade [...]. [Estes princípios também devem ser rigorosamente observados pelas Organizações Sociais – OS e OSCIPs quando gerenciarem recursos públicos];
> Art. 150. Sem prejuízo de outras garantias asseguradas ao contribuinte, é vedado à União, aos estados, ao Distrito Federal e aos municípios: [...]
> VI – instituir impostos sobre:
> a) patrimônio, renda ou serviços, uns dos outros;
> b) templos de qualquer culto;
> c) patrimônio, renda ou serviços dos partidos políticos, inclusive suas fundações, das entidades sindicais dos trabalhadores, das instituições de educação e de assistência social, sem fins lucrativos, atendidos os requisitos da lei;
> d) livros, jornais, periódicos e o papel destinado a sua impressão. [...]
> Art. 195. A seguridade social será financiada por toda a sociedade, de forma direta e indireta, nos termos da lei, mediante recursos provenientes dos orçamentos da União, dos estados, do Distrito Federal e dos municípios [...]
> § 7° São isentas de contribuição para a seguridade social as entidades beneficentes de assistência social que atendam às exigências estabelecidas em lei. [...]
> Art. 199. A assistência à saúde é livre à iniciativa privada.
> § 1° As instituições privadas poderão participar de forma complementar do sistema único de saúde, segundo diretrizes deste, mediante contrato de direito público ou convênio, tendo preferência as entidades filantrópicas e as sem fins lucrativos. [...]
> Art. 204. As ações governamentais na área da assistência social serão realizadas com recursos do orçamento da seguridade social, previstos no art. 195, além de outras fontes, e organizadas com base nas seguintes diretrizes:

I – descentralização político-administrativa, cabendo a coordenação e as normas gerais à esfera federal e a coordenação e a execução dos respectivos programas às esferas estadual e municipal, bem como a entidades beneficentes e de assistência social;
II – participação da população, por meio de organizações representativas, na formulação das políticas e no controle das ações em todos os níveis. [...]
Art. 205. A educação, direito de todos e dever do Estado e da família, será promovida e incentivada com a colaboração da sociedade, visando ao pleno desenvolvimento da pessoa, seu preparo para o exercício da cidadania e sua qualificação para o trabalho. [...]
Art. 217. É dever do Estado fomentar práticas desportivas formais e não formais, como direito de cada um, observados:
I – a autonomia das entidades desportivas dirigentes e associações, quanto a sua organização e funcionamento; [...]
Art. 225. Todos têm direito ao meio ambiente ecologicamente equilibrado, bem de uso comum do povo e essencial à sadia qualidade de vida, impondo-se ao poder público e à coletividade o dever de defendê-lo e preservá-lo para a presente e a futura gerações. [...] (Brasil, 1988)

Esses são os artigos e incisos da Constituição Federal que, mesmo não se referindo diretamente ao terceiro setor, estão implicados na sua organização e gestão.

(6.2) Lei nº 8.742/1993 e Decreto nº 6.308/2007

A definição das entidades e organizações consideradas de assistência social é atribuição da Lei Orgânica de Assistência Social (Loas) – Lei n° 8.742, de 7 de dezembro de 1993 (Brasil, 1993) – e do Decreto n° 6.308, de 14 de dezembro de 2007 (Brasil, 2007), este último dispondo sobre as entidades e organizações de assistência social de que trata o art. 3° da Loas. São os atos normativos que exigem que essas organizações tenham expresso em sua natureza jurídica seus objetivos, missão e público-alvo.

O Decreto n° 6.308/2007 aponta como características essenciais das entidades e organizações de assistência social:

Art. 1° [...]
I – realizar atendimento, assessoramento ou defesa e garantia de direitos na área da assistência social, na forma deste Decreto;
II – garantir a universalidade do atendimento, independentemente de contraprestação do usuário; e
III – ter finalidade pública e transparência nas suas ações.
[...]

Ainda é importante salientar o que esse decreto estabelece em seu art. 3°:

> As entidades e organizações de assistência social deverão estar inscritas nos Conselhos Municipais de Assistência Social ou no Conselho de Assistência Social do Distrito Federal para seu regular funcionamento, nos termos do art. 9° da Lei n° 8.742, de 1993, aos quais caberá a fiscalização destas entidades e organizações, independentemente do recebimento ou não de recursos públicos.

Não faremos uma análise desses artigos aqui, pois diferentes aspectos deles serão abordados nos demais capítulos do livro.

(6.3) Código Civil

Destacamos aqui que a Lei n° 10.406, de 10 de janeiro de 2002 (Código Civil atual), formaliza a natureza jurídica, a gestão e a legitimação formal das associações, das fundações e das organizações religiosas, bem como apresenta as regras para as doações (art. 538 a 564). O art. 49 prevê a intervenção do Estado na administração dessas organizações do terceiro setor. O art. 50 afirma que o Poder Judiciário poderá buscar os bens dos administradores quando houver abuso da personalidade jurídica pelo desvio da finalidade ou confusão patrimonial nessas organizações. Os artigos anteriormente citados serão devidamente detalhados nos capítulos subsequentes (Brasil, 2002).

(6.4) Qualificações e titulações

Destacamos que as organizações, após a sua constituição mediante um estatuto e seu devido norteamento pelas respectivas leis, pareceres e portarias, podem requerer títulos, certificados e qualificações que lhe garantam benefícios diferentes, os quais serão abordados a seguir, ainda sob o aspecto legal. No entanto, é importante salientarmos que as organizações da sociedade civil podem ter acesso a reconhecimentos e apoio participando de concursos nos quais projetos sociais são avaliados, sendo devidamente premiadas, reconhecidas, incentivadas e apoiadas financeiramente as organizações mais bem avaliadas.

Os títulos, certificados ou qualificações são facultativos e se constituem um diferencial para as organizações/instituições que os possuem, evidenciando à sociedade em geral a credibilidade dessas instituições, além de facilitar a captação de recursos privados e públicos e a obtenção de financiamentos, isso sem falar na obtenção de benefícios fiscais, na facilitação e firmação de convênios e parcerias e no benefício dos incentivos fiscais aos doadores.

As diferentes qualificações e titulações não são cumulativas e automáticas, visto que possuem legislações específicas. Assim, temos a declaração de utilidade pública, obtida no âmbito municipal, estadual ou Distrito Federal onde a organização não governamental (ONG) estiver sediada. As demais qualificações, no entanto, possuem validade somente na esfera federal.

Utilidade pública

A declaração de Utilidade Pública – regulamentada pela Lei n° 91, de 28 de agosto de 1935 (Brasil, 1935), pela Lei n° 6.639, de 8 de maio de 1979 (Brasil, 1979), pelo Decreto n° 50.517, de 2 de maio de 1961 (Brasil, 1961) e pelo Decreto n° 3.415, de 24 de abril de 2000 (Brasil, 2000) – é outorgada pelo Ministério da Justiça a toda entidade de natureza jurídica que desenvolve atividades de interesse público de relevante valor social. As fundações, associações ou sociedades sem fins lucrativos constituídas no país e em funcionamento há mais de três anos, que não atuem em causa própria, atendendo à coletividade, suprindo-lhe determinadas necessidades, são qualificadas para requerer tal titulação.

Esse título não permite a remuneração dos conselheiros e diretores da organização. Inicialmente, ela não significava obtenção de nenhuma vantagem para a entidade, porém, possuir atualmente o título de Utilidade Pública habilita a instituição a:

- receber doações da União;
- receber receitas das loterias federais;
- realizar sorteios;
- ser isenta de recolher a cota patronal para o Instituto Nacional do Seguro Social (INSS);
- ser isenta de depositar o Fundo de Garantia do Tempo de Serviço (FGTS);
- permitir que pessoas físicas e jurídicas possam deduzir do Imposto de Renda doações efetuadas a organizações de utilidade pública.

Registro no Conselho Nacional de Assistência Social (CNAS)

O CNAS é o órgão superior de deliberação, órgão vinculado ao Ministério do Desenvolvimento Social e Combate à Fome, responsável pela regulamentação da política nacional de assistência social, que funciona de forma paritária, pois é assegurada a participação da sociedade civil. Podem obter tal registro as associações ou fundações que comprovam o desenvolvimento de atividades de assistência social, desde que cumpram os requisitos legais.

A concessão do registro é regulamentada pelo inciso III, do art. 18 da Lei n° 8.742/1993, de acordo com a Resolução MPAS/CNAS n° 31, de 24 de fevereiro de 1999 (Brasil, 1999b). Segundo essa lei, a entidade que tiver interesse em ser vinculada ao CNAS deve possuir o título de Utilidade Pública e atender aos requisitos da resolução anteriormente citada. O registro no CNAS se constitui pré-requisito para a solicitação do Certificado de Entidade Beneficente de Assistência Social (Cebas).

A Medida Provisória n° 446, de 7 de novembro de 2008 (Brasil, 2008), rejeitada no Congresso, propunha medidas que modificariam a competência do CNAS e sua atribuições em relação à concessão de registros e renovações do Cebas. Os registros voltam a ser regidos pela legislação anterior, o art. 55 da Lei n° 8.212, de 24 de julho de 1991 (Brasil, 1991a). A expectativa se voltava sobre a votação do Congresso, em relação ao substitutivo, em junho de 2009. Neste, o Cebas deveria ser semelhante ao previsto na MP n° 446/2008 (Covac, 2009). Conforme informação do Ministério do Desenvolvimento Social e Combate à Fome, essa medida foi rejeitada (Brasil, 2009a).

Certificado de Entidade Beneficente de Assistência Social (Cebas)

Esse certificado substitui o certificado de filantropia, ou seja, Certificado de Entidades de Fins Filantrópicos (Ceff), e é concedido pelo CNAS para organizações que tenham como finalidade o atendimento e o assessoramento aos beneficiários da Loas e a defesa e garantia dos seus direitos. Na sua maioria, são outorgadas a organizações/instituições que visam:

- proteger a família, a infância, a maternidade, a adolescência e a velhice;
- promover ações de prevenção, habilitação e reabilitação de pessoas com necessidades especiais;
- promover, gratuitamente, assistência educacional ou à saúde;
- promover a integração de pessoas ao mercado de trabalho.

Essas são algumas prerrogativas para o requerimento da isenção da cota patronal ao INSS, oferecendo dedutibilidade na base de cálculo do imposto tanto das pessoas físicas quanto jurídicas que doarem recursos a essas organizações.

Organização da Sociedade Civil de Interesse Público (Oscip)

Essa qualificação é concedida pelo Ministério da Justiça para organizações cujas atividades são implementadas para complementar programas, projetos e ações com recursos físicos, financeiros e humanos próprios, desde que tenham por finalidade a complementaridade prevista no art. 3º da Lei nº 9.790, de 23 de março de 1999:

> [...]
> I – *promoção da assistência social;*
> II – *promoção da cultura, defesa e conservação do patrimônio histórico e artístico;*
> III – *promoção gratuita da educação, observando-se a forma complementar de participação das organizações de que trata esta Lei;*
> IV – *promoção gratuita da saúde, observando-se a forma complementar de participação das organizações de que trata esta Lei;*
> V – *promoção da segurança alimentar e nutricional;*
> VI – *defesa, preservação e conservação do meio ambiente e promoção do desenvolvimento sustentável;* [Este parágrafo é somente um exemplo. Deve-se colocar nele as finalidades da entidade, sejam elas de caráter social, cultural, assistencialista, entre outras.];
> VII – *promoção do voluntariado;*
> VIII – *promoção do desenvolvimento econômico e social e combate à pobreza;*
> IX – *experimentação, não lucrativa, de novos modelos socioprodutivos e de sistemas alternativos de produção, comércio, emprego e crédito;*
> X – *promoção de direitos estabelecidos, construção de novos direitos e assessoria jurídica gratuita de interesse suplementar;*
> XI – *promoção da ética, da paz, da cidadania, dos direitos humanos, da democracia e de outros valores universais;*
> XII – *estudos e pesquisas, desenvolvimento de tecnologias alternativas, produção e divulgação de informações e conhecimentos técnicos e científicos que digam respeito às atividades mencionadas neste artigo.* (Brasil, 1999a)

As Oscips têm como vantagem a dedução de até 2% na base de cálculo do Imposto de Renda das pessoas jurídicas que declaram sobre o lucro real. Também **possibilitam a remuneração de dirigentes sem a perda dos benefícios fiscais**, sendo a Oscip a única a poder celebrar termos de parceria com o poder público.

Organização Social (OS)[a]

A lei autoriza o Poder Executivo a transferir a execução de serviços públicos e a gestão de bens e pessoal a organizações sociais que são dotadas de verbas orçamentárias públicas. Os recursos variam desde físicos e materiais, como imóveis e móveis, até a cessão de um servidor, um colaborador. A consecução do serviço prestado, mediante procedimento específico, precisa atender aos programas e projetos assistenciais definidos como de políticas públicas. A OS ainda precisa comprovar resultados efetivos com base em evidências mensuradas por indicadores que comprovem o atendimento das metas estipuladas para a obtenção de resultados. Os recursos são liberados por cronograma estabelecido previamente no contrato de gestão e são obrigatoriamente supervisionados por um tribunal de contas.

Para obter o direito de firmar o contrato de gestão, a OS deve receber autorização do Poder Público municipal, estadual e do Distrito Federal, desde que atenda às conveniências e necessidades destes. As OS geralmente são credenciadas para absorver atividades dirigidas ao ensino, à pesquisa científica, ao desenvolvimento tecnológico, à proteção e preservação do meio ambiente, à cultura e à saúde.

Nesse contexto, multiplicam-se os integrantes do terceiro setor. De acordo com Rocha e Silva (2004, p. 1), baseando-se em Landin,

> o terceiro setor começa a se ampliar para além do círculo das ONGs, valorizando outros atores e serviços como a filantropia empresarial, as associações beneficentes e recreativas, as iniciativas das igrejas e o trabalho voluntário.
>
> A afirmação deste novo perfil participante e responsável da sociedade brasileira se traduz na busca de novas formas de articulação entre organizações do terceiro setor, órgãos governamentais e empresas.

As empresas demonstram interesse pelas demandas sociais emergentes excludentes, o que é importante diante do agravo e da proliferação da pobreza, da exclusão e da privação de bens essenciais por parte de certas camadas sociais. Assim, as empresas contribuem para o enfrentamento de situações decorrentes do agravo das expressões advindas da questão social, evidenciando-se a contradição do modelo capitalista monopolista. Ou seja, as organizações empresariais participam do enfrentamento da exclusão produzida pelo capitalismo e, ao mesmo tempo, integram a lógica que exclui.

---

a. A OS é regida pela Lei n° 9.637, de 15 de maio de 1998 (Brasil, 1998b).

Segundo o Instituto Creatio (2009),

> *O Mercado, antes distante, para não se dizer indiferente às questões de interesse público, começa a ser penetrado pela noção de responsabilidade social e passa a ver nas organizações sem fins lucrativos canais para concretizar o investimento do setor privado empresarial na área social, ambiental e cultural.*

No entanto, podemos nos referir à responsabilidade social que o mercado assume como uma das formas de garantir atendimento ao social. As empresas socialmente responsáveis podem gerar um conjunto de ações que complementam as iniciativas estatais, incorporando um novo modelo de gestão social que decorre do desenvolvimento acelerado da responsabilidade social no âmbito das organizações empresariais. É sobre essa responsabilidade social empresarial que trataremos na próxima seção.

(6.5) Responsabilidade social empresarial

A responsabilidade social empresarial também é uma unidade de análise do terceiro setor. Portanto, pretendemos conhecer alguns dos conceitos vigentes e alguns dos seus principais pressupostos norteadores que muito contribuem para o entendimento dessa temática. Para tanto, descrevemos o conceito de responsabilidade social empresarial e nos referimos a ela como uma das principais dimensões a serem contempladas por uma empresa/organização para que esta se constitua como tal: a questão ética, a questão ecológica e/ou ambiental e as questões referentes aos funcionários e ao entorno social.

A responsabilidade social empresarial é uma tendência observada mundialmente, além de constituir um tema para debates de diversas áreas do conhecimento e da administração, pois impõe novos modelos de gestão empresarial e, consequentemente, uma nova organização da sociedade. Os maiores desafios para as empresas dizem respeito à garantia das exigências da competitividade, mantida sob controle com a produção de bens que concilia o baixo custo e a alta qualidade, e à necessidade do desenvolvimento sustentável estreitamente ligado à produção, sem falar nas reivindicações da sociedade civil, que devem ser prontamente contempladas e atendidas, o que contribui para que se efetive uma mudança paradigmática e faz com que o mundo empresarial tenha a possibilidade de desenvolver um papel mais adequado em termos éticos, no que diz respeito à sua postura diante da sociedade.

O conceito de responsabilidade social mais utilizado é o do Instituto Ethos (2004)[b]:

> *Responsabilidade Social é uma forma de conduzir os negócios da empresa de tal maneira que a torna parceira e corresponsável pelo desenvolvimento social. A empresa socialmente responsável é aquela que possui a capacidade de ouvir os interesses das diferentes partes (acionistas, funcionários, prestadores de serviço, fornecedores, consumidores, comunidade, governo e meio ambiente) e conseguir incorporá-los no planejamento de suas atividades, buscando atender às demandas de todos e não apenas dos acionistas ou proprietários.*

Para Jaramilo e Angel, citados por Ashley (2002, p. 7), a "responsabilidade social pode ser também o compromisso que a empresa tem com o desenvolvimento, com o bem-estar e melhoramento da qualidade de vida dos empregados, suas famílias e da comunidade em geral". Já Votaw, também citado por Ashley (2002), afirma que a responsabilidade social nem sempre significa a mesma coisa. Para alguns, ela representa única e exclusivamente cumprir a obrigação legal; para outros, significa um comportamento ético. Há, ainda, quem a equipare apenas a uma contribuição caridosa da empresa para alguma entidade e/ou movimento; outras pessoas a entendem pelo sentido de "socialmente consciente".

De acordo com Certo e Peter (1993), responsabilidade social é tudo aquilo que uma organização realiza para proteger e melhorar a sociedade, além do exigido em relação aos interesses econômicos e técnicos da organização.

Vale mencionarmos que existem diferenças entre as definições apresentadas, porém, a responsabilidade social empresarial deve ser entendida como a implementação de ações que vão além do que a legislação exige e que podem contribuir positivamente para a sociedade, mesmo que não contribuam para o lucro da empresa. Podemos inferir, portanto, que uma empresa é socialmente responsável quando ultrapassa as obrigações de respeitar e cumprir as leis, pagar seus impostos e atentar-se para as condições adequadas de segurança e saúde dos trabalhadores.

---

b. Trata-se de uma associação de empresas interessadas em desenvolver suas atividades de forma socialmente responsável, ajudando a sociedade a alcançar um desenvolvimento social, econômico e ambiental sustentável, em um permanente processo de avaliação e aperfeiçoamento.

É legítimo afirmarmos que todas essas medidas são obrigações legais, com base nas quais se desenvolve a responsabilidade social empresarial. A responsabilidade social é também, contudo, paradigmática, porque impõe novos comportamentos para que ela realmente se concretize e contribua para se atingir o desenvolvimento sustentável. Por desenvolvimento sustentável, enfatizava-se, inicialmente, tão somente a questão da exploração dos recursos naturais e da preservação ambiental. Hoje, porém, esse conceito se ampliou, de modo a contemplar as necessidades básicas humanas, o respeito aos direitos humanos, o resgate da cidadania e o acesso ao consumo de bens e serviços, não apenas da geração presente, mas como um compromisso intrageracional (Campos, 2002).

O conceito de responsabilidade social normalmente é aplicado no âmbito empresarial, mas também está sendo utilizado em relação ao Estado (primeiro setor), quando este busca o aprimoramento e a maior eficiência na implementação de políticas públicas de combate aos problemas sociais. Igualmente, o conceito é pertinente à ação das organizações da sociedade civil (terceiro setor) que realizam serviços ou atividades de relevância social.

Essas dimensões devem ser norteadas por princípios éticos, inerentes à **responsabilidade social empresarial. Esta tem como finalidade promover a** cultura da gestão socialmente responsável, seguindo o que é preconizado mundialmente.

Com essa visão, esse tema nos leva a abordar a *ética*, que é definida como "palavra de origem grega (*ethos*), e significa estudo dos costumes, do caráter, da ciência da moral, o 'espírito' de uma época, o tom determinante do sentido de um povo ou de uma comunidade. É a ciência do dever humano e o conjunto de **regras de conduta do convívio entre pessoas**" (Instituto Ethos, 2004).

A ética preconizada para a responsabilidade social empresarial deve se expressar nos princípios e valores adotados como políticas nas organizações. Para Boff (2003), a ética da responsabilidade social empresarial precisa se dar conta das consequências que dela advêm e não pode preceder de três eixos fundamentais: apartação social, sistema de trabalho e alarme ecológico. O primeiro diz respeito à pobreza e à miséria, referindo-se aos milhões de seres humanos considerados "zeros econômicos", que, segundo o autor, sobrevivem à margem da sociedade: "gritam querendo viver e participar, e cada vez mais repudiam o veredicto de morte que pesa sobre sua vida" (Boff, 2003, p. 3). O autor enfatiza a importância de os empresários e a sociedade organizada se preocuparem em diminuir o vácuo dessa apartação social, entre ricos e pobres, "entre aqueles que têm abundância de bens e serviços e aqueles que estão à margem de tudo isso, sobrevivendo com enorme dificuldade" (Boff, 2003, p. 4).

O segundo eixo se refere à hegemonia do capital especulativo sobre o capital produtivo. Isso é o que está na gênese da lógica econômica do mercado mundial, referindo-se à má distribuição da riqueza. Esse eixo diz respeito, ainda, ao processo de trabalho, cada vez mais automatizado e robotizado, que representa o avanço tecnológico e, ao mesmo tempo, a eliminação de postos de trabalho e a instauração do desemprego em massa. No entender de Boff (2003, p. 4), "até hoje todas as sociedades se construíram baseadas no trabalho; a partir de agora, o que se observa é um desenvolvimento sem trabalho. E aqueles que estão no ócio vão se multiplicar aos milhões".

Nesse contexto, o autor desafia a criatividade de descobrirmos, no ócio, um outro tipo de relação social, e desta com a natureza, a fim de encontrarmos outras formas de interpretar o trabalho. Boff (2003, p. 4) ainda enfatiza o enorme problema ético que emerge daí e que conduz à reflexão de "como organizar a sociedade para que as pessoas não se sintam excluídas e destituídas dela".

O terceiro eixo, que o autor denomina de *alarme ecológico*, também levanta questões éticas e se refere à voracidade do processo industrial, envolvendo o modo como os seres humanos se relacionam com a natureza. Em suas palavras, o processo industrial age "de forma predatória, não respeitando a alteridade, não nos dando conta de que também somos Terra e pertencemos aos seus ecossistemas. Esquecendo que o capital biológico natural pertence à vida, e não apenas aos seres humanos" (Boff, 2003, p. 5). Nessa perspectiva, as empresas que visam à responsabilidade social não podem deixar de contemplar essas dimensões no conjunto de seus valores éticos. Existem, todavia, diferentes concepções e interesses, relacionados a como proceder em relação a essa prática, pois, infelizmente, a tomada de consciência ainda é lenta, comparada à velocidade dos acontecimentos desencadeados pelo sistema capitalista.

O fenômeno da responsabilidade social tem evoluído em razão das demandas sociais do país, do crescente grau de responsabilidade social, da emergência do terceiro setor, da ação social das empresas concorrentes, do crescimento das expectativas da comunidade e dos funcionários, sobre o engajamento social da empresa, e da redefinição do papel do Estado.

Atividades

1. Com relação à qualificação e à titulação das organizações do terceiro setor, qual a alternativa correta?

    As organizações do terceiro setor possuem legislações específicas. Assim, existem diferentes qualificações e titulações:

a) que são cumulativas e automáticas.
b) que possuem legislações específicas para cada tipo de qualificação.
c) e todas são qualificadas unicamente em âmbito Federal.

2. A responsabilidade social empresarial se constitui um diferencial competitivo para as organizações do segundo setor, ou seja, o mercado. Como se caracterizam essas dimensões?

   I. Bem-estar e melhoramento da qualidade de vida dos empregados, de suas famílias e da comunidade em geral.
   II. Cumprimento de suas obrigações legais com ética, respeitando e cumprindo as leis, o pagamento de impostos voltados para as condições adequadas de segurança e saúde dos trabalhadores.
   III. Imposição de novos comportamentos para que contribua com a sustenta bilidade (social, econômica, ambiental).

   Quais dos enunciados anteriores corresponde aos pressupostos teóricos de responsabilidade social?
   a) Apenas I e III.
   b) Apenas II.
   c) I, II e III.

(7)

O planejamento estratégico
e o terceiro setor

Arno Vorpagel Scheunemann
Ivone Rheinheimer

Existem diferentes modelos e correntes teóricas a respeito de planejamento que antecedem o planejamento estratégico. Mas nosso foco aqui diz respeito ao planejamento como uma linha de ação que vem sendo utilizada para as organizações do terceiro setor. Esse planejamento se refere ao **desenvolvimento ou às estratégias de uma organização que tem por finalidade** contribuir para minimizar as desigualdades sociais.

O termo *planejamento* muitas vezes nos remete à ideia de empresa ou de organizações do setor produtivo. Porém, nosso desafio é entender a emergência do planejamento em todas as áreas e, no contexto desta obra, a importância do planejamento para as organizações do terceiro setor. Nesse sentido, abordamos as etapas e os diferentes tipos de planejamento e suas principais características e alguns tópicos que contribuem para sua operacionalização.

(7.1) Planejamento estratégico

Na década de 1990, surgiram novos enfoques ou denominações para o planejamento estratégico, evidenciando-se a *administração estratégica*. Esta, por sua vez, deslocou-se das empresas e da gestão de negócios para outras esferas, fazendo-se emergente no terceiro setor (Mendes, 1999).

O planejamento diz respeito à administração e/ou à gestão, portanto, é imprescindível a proposição de um planejamento que vise à estruturação das atividades de uma organização/instituição para que esta atinja seus fins. É preciso termos clareza da necessidade de uma visão (sonho que se realiza), de uma missão (declaração do que a instituição/organização é), bem como da identificação dos pontos fortes e fracos da organização/instituição. Tendo isso em vista, podemos concluir que planejar e captar recursos são iniciativas imprescindíveis para se atingir o objetivo que visa alterar positivamente o contexto do qual emergem as demandas sociais.

O planejamento não pode prescindir das questões mais amplas: para colocarmos em prática ou implementarmos a gestão como um todo produção simbólica e identidade dos povos; democratização da democracia, partindo da construção de novos paradigmas; atendermos às demandas que visam um novo cenário social, precisamos seguir um caminho para atingir o objetivo, a missão e os princípios, sem nos perdermos diante da multiplicidade de demandas sociais e atravessamentos ao longo da caminhada.

Para Chiavenato e Sapiro (2003, p. 39), PLANEJAMENTO ESTRATÉGICO "é um processo de formulação de estratégias organizacionais, no qual se busca a inserção da organização e de sua missão no ambiente em que ela está atuando". É definido também como

> o processo contínuo de, sistematicamente e com o maior conhecimento possível do futuro contido, tomar decisões atuais que envolvem riscos; organizar sistematicamente as atividades necessárias à execução dessas decisões e, através de uma retroalimentação organizada e sistemática, medir o resultado dessas decisões em confronto com as expectativas alimentadas. (Drucker, 1992, p. 133)

Outra definição de planejamento estratégico é a de Oliveira, citado por Penegalli (2009), o qual diz que essa forma de planejamento "é o processo administrativo que proporciona sustentação metodológica para se estabelecer a melhor direção a ser seguida [...], visando ao otimizado grau de interação com o ambiente e atuando de forma inovadora e diferenciada".

Planejamento, então, é o processo de definir objetivos, atividades e recursos que ajudam no processo de gestão, é o caminho entre o diagnóstico bem realizado e consolidado[a] e um objetivo bem definido. Para isso, o planejamento precisa levar em consideração as seguintes dimensões:

Figura 7.1 – Dimensões do planejamento estratégico

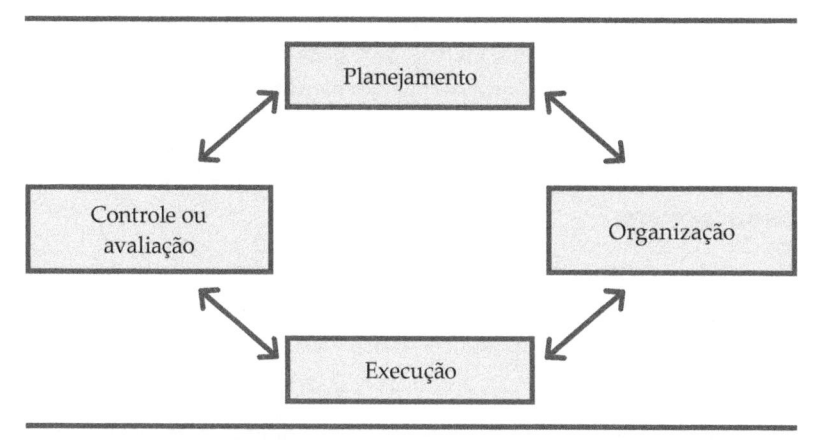

```
              ┌──────────────┐
         ┌───►│ Planejamento │◄───┐
         │    └──────────────┘    │
         │                        ▼
┌──────────────┐           ┌──────────────┐
│ Controle ou  │           │  Organização │
│  avaliação   │           │              │
└──────────────┘           └──────────────┘
         ▲                        │
         │    ┌──────────────┐    │
         └────│   Execução   │◄───┘
              └──────────────┘
```

Fonte: Adaptado de Chiavenato; Sapiro, 2003.

Podemos considerar, entre as dimensões apresentadas na Figura 7.1, que o planejamento é o processo de definir objetivos, atividades e recursos. A organização é o processo de definir o trabalho a ser realizado e as responsabilidades pela realização; é também o processo de distribuir os recursos disponíveis segundo critérios apontados no planejamento. Execução é o processo de realizar, implementar as atividades previstas, utilizando recursos disponíveis, para alcançar os objetivos ou finalidades propostas. Também envolve outros processos, tais como a direção, a participação, a comunicação e a coordenação, com o objetivo de direcionar recursos. O controle, também conhecido como *avaliação*, é o processo que assegura a realização dos objetivos e também identifica as necessidades de mudança e alteração de rumos.

As funções de planejamento, organização, direção e controle, se consideradas separadamente, constituem funções administrativas. Visualizadas em uma abordagem totalizadora para o alcance de objetivos, formam o processo administrativo.

O processo administrativo (gestão) implica a interação dinâmica entre as dimensões. Vejamos os itens que compõem esse processo:

---

a. Trataremos sobre o tema *diagnóstico* no Capítulo 8.

- o planejamento compreende definir os objetivos, traçar os planos e estabelecer as atividades para alcançá-los;
- a organização implica definir a atribuição da autoridade e das responsabilidades e os recursos e atividades necessários para se realizar os objetivos;
- a direção para os objetivos compreende o preenchimento dos cargos, a comunicação, a liderança e a motivação pessoal;
- o controle requer a definição de padrões para medir desempenho, a correção de desvios.

O planejamento é uma forma de antecipar o que será feito para atingir os objetivos e define:

- onde se pretende chegar ⟶ objetivos a se alcançar;
- o que deve ser feito ⟶ tomada de decisão a respeito das ações futuras;
- quando, como e em que sequência os eventos devem se encadear ⟶ elaboração de planos.

Para finalizarmos essa seção, apresentamos a Figura 7.2, que nos permite visualizar a dinâmica da aplicação do planejamento estratégico, tão difundido nas organizações do segundo setor, e agora utilizado nas organizações do terceiro setor.

Com base em Chiavenato (1993), o planejamento estratégico pode ser visualizado como na sequência:

Figura 7.2 – Visualização da função do planejamento estratégico

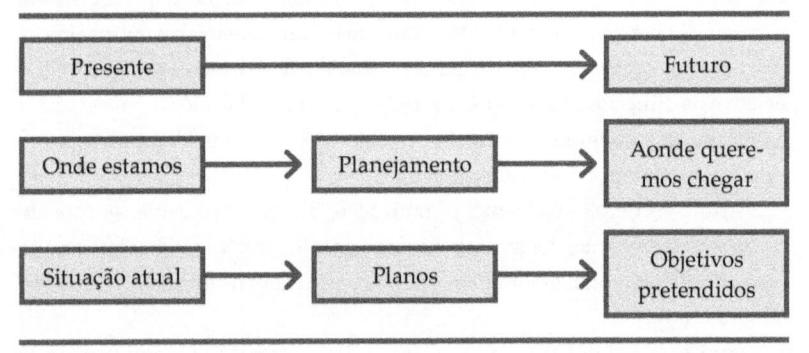

Presente	⟶	Futuro
Onde estamos	⟶ Planejamento ⟶	Aonde queremos chegar
Situação atual	⟶ Planos ⟶	Objetivos pretendidos

Fonte: Adaptado de Chiavenato, 1993.

Tipos de planejamento e suas principais características

Segundo Silva e Tavernard (2005), o planejamento estratégico é o mais amplo e abrangente da organização. Segundo as autoras,

> *é projetado a longo prazo, tendo seus efeitos e consequências estendidos a vários anos pela frente; envolve a organização como uma totalidade, abrange todos os recursos e áreas de atividades e preocupa-se em atingir os objetivos ao nível organizacional. [...] é definido pela cúpula da organização [...] e corresponde ao plano maior ao qual todos os demais estão subordinados.* (Silva; Tavernard, 2005)

Os objetivos do planejamento consistem em estabelecermos com clareza e precisão aonde queremos chegar e qual metas pretendemos atingir. O ponto de partida pode ser:

- um problema a resolver;
- **um desafio a ser enfrentado;**
- um risco a ser evitado;
- uma posição a ser conquistada.

São os resultados finais do planejamento estratégico da organização/instituição:

- direcionamento de esforços para o alcance de resultados comuns que consolidem os projetos/programas e a organização;
- consolidação do entendimento da diretoria, do conselho, dos técnicos, dos funcionários e dos usuários a respeito da visão, da missão, dos propósitos, dos objetivos, dos desafios, das metas e dos projetos.

Segundo Chiavenato e Sapiro (2003), o planejamento tático é o planejamento feito em nível departamental, cujas características estão elencadas a seguir:

- é engendrado a médio prazo, tendo-se em vista o exercício anual;
- todos os departamentos são envolvidos no processo, levando-se em conta os recursos específicos de cada um; nesse caso, o planejamento tático visa ao atendimento das metas departamentais;
- sua definição é dada pelos departamentos da empresa.

O planejamento operacional, por sua vez, conta com as seguintes caracteríticas:

- é concebido para todas as tarefas e atividades da empresa;
- é criado para funcionar a curto prazo, em situações mais imediatas;
- cada tarefa ou atividade é abarcada de forma isolada; o planejamento operacional se preocupa com o atendimento de objetivos específicos.

O Quadro 7.1 a seguir sintetiza o conteúdo, a extensão e a amplitude de cada um dos tipos de planejamento.

Quadro 7.1 – Síntese dos tipos de planejamento

PLANEJA-MENTO	CONTEÚDO	EXTENSÃO DE TEMPO	AMPLITUDE
Estratégico	Genérico, sintético e abrangente.	Longo prazo (5 a 10 anos).	Abrange a organização na sua totalidade.
Tático	Menos genérico e mais detalhado.	Médio prazo (2 a 5 anos).	Aborda cada unidade da organização separadamente.
Operacional	Detalhado, específico e analítico.	Curto prazo (6 meses a 1 ano).	Aborda apenas cada tarefa ou operação na sua totalidade.

Fonte: Chiavenato; Sapiro, 2003.

É importante ressaltarmos que o planejamento estratégico está sendo elaborado para uma organização/instituição social como um todo, bem como para ser aplicado para a captação de recursos como uma ação desse todo.

Chiavenato e Sapiro (2003, p. 39) advertem que "O planejamento deve maximizar resultados e minimizar as deficiências utilizando princípios de maior eficiência, eficácia e efetividade". É por meio da elaboração dessa perspectiva que se formula o diagnóstico, o qual, por sua vez, desvendará e se dará a conhecer pelos pontos fortes e fracos expressos pelos programas/projetos implementados.

Ponto forte é a diferenciação obtida pelos programas e projetos, é algo que lhes proporciona uma vantagem em relação às fontes de recursos. Ponto fraco, por sua vez, é uma situação inadequada da organização, dos programas e dos projetos que a compõem, um fator que conta para a instituição como uma desvantagem no cenário social e no que diz respeito às fontes de recursos.

Assim, identificarmos e conhecermos as oportunidades externas é algo imprescindível. Oportunidade é a força ambiental, razoavelmente controlável pela organização, que pode favorecer sua ação estratégica, desde que conhecida e aproveitada satisfatoriamente, enquanto perdura.

Da mesma forma, conhecer e evitar as ameaças externas são posturas de suma importância. Ameaça é o contexto maior, político e social, que não pode se constituir obstáculo para a ação estratégica, mas que poderá ou não ser evitada, desde que conhecida em tempo hábil para ajustes.

É importante assegurar que o planejamento seja participativo, na perspectiva de uma gestão compartilhada, que se apresenta como uma tendência e também como um desafio. Ações planejadas em uma perspectiva participativa favorecem a participação efetiva de todos os envolvidos e a articulação entre os atores, cujo objetivo é chegar a um consenso mínimo da realidade que se apresenta e das efetivas ações a se constituírem. Nesse sentido, é preciso que exista um acordo entre os proponentes e os beneficiários. Isso se encaminha por meio da identificação dos problemas, das formas de intervirmos na realidade, dos objetivos propostos e de um desenho antecipado dos resultados desejados.

O funcionamento organizacional de uma entidade ou instituição pode ser avaliado em mais profundidade quando suas dimensões são preparadas para análise: essas dimensões dizem respeito às questões internas e externas, que são fundamentos para a elaboração do diagnóstico e da análise mais ampla da realidade e da própria organização social.

O planejamento estratégico é definido com base na missão da organização/instituição e se apoia no pensamento estratégico e na análise de ambientes e formulação de cenários. É nesse nível que o desenvolvimento da missão da organização social deve ser concebido. Deve ser definido como uma estratégia de longo prazo e tem caráter orientador, que denota, além da busca da realização da missão, os impactos sociais almejados.

O plano institucional é imprescindível e precisa ser desenhado para criar uma perspectiva futura da organização, ao mesmo tempo em que estabelece as bases por meio das quais se tomarão todas decisões a médio e a curto prazo. Sua operacionalização compreende:

- sensibilização organizacional;
- análise situacional;
- inventário de ações já realizadas;
- apresentação de focos estratégicos para atuação;
- definição e eleição de prioridade organizacional;
- definição da estrutura organizacional;
- criação de política para a captação de recursos;
- escolha do processo de gestão e instrumentos a serem incorporados para implementação das ações;
- apresentação de indicadores custo/benefícios.

Os passos para se iniciar um planejamento que preveja e antecipe um conjunto de ações, na prática, podem ser desencadeados com base em dois questionamentos: O que fazer? Como fazer?

Quadro 7.2 – *Questionamentos iniciais para o planejamento*

O QUE FAZER?	COMO FAZER?
Sensibilização – primeira fase e precede a preparação para uma segunda fase: o planejamento.	• Marcar uma reunião com o objetivo de esclarecer dúvidas e buscar o comprometimento das pessoas envolvidas; • desempenhar ações com força permanente, visando à melhoria das condições de vida humana na busca da garantia dos direitos sociais e da qualidade de vida de todos os envolvidos; • aproximar a expectativa e a intencionalidade da organização/instituição; • motivação dos envolvidos.
Diagnóstico interno	• Identificar o interesse da instituição, da sua diretoria/conselho, dos usuários dos serviços/das ações existentes ou demandas que emergem; • identificar o que se apresenta como prioridade interna; • identificar expectativas das pessoas que desenvolvem atividades (técnicos, voluntários, funcionários); • distribuir tarefas e responsabilidades de acordo com os conhecimentos, habilidades, experiências e interesses; • elaborar o projeto, se este não existe; • documentar o que acontece; • conhecer e analisar todas as etapas do projeto; • analisar as demais documentações com vistas a atender e entender aspectos organizacionais.
	• identificar quais as potencialidades da organização/instituição (pontos fortes); • conhecer e/ou definir a missão, a visão, os princípios e os objetivos, tanto da organização/instituição como do projeto em pauta; • promover eventos sobre as demandas, visitas e trocas de experiência, oficinas, no sentido de esclarecer dúvidas e buscar alternativas.

(continua)

(Quadro 7.2 – conclusão)

O QUE FAZER?	COMO FAZER?
Diagnóstico externo	• Identificar a demanda emergente; • identificar quais são as necessidades da população; • identificar se as necessidades se traduzem em demandas; • descrever as situações com a finalidade de escolher a problemática sobre a qual se quer desenvolver uma ação refletida; • Que atores podem apoiar nossas ações? • Quais atores se opõem ao nosso projeto? • Quem pode ser conquistado para o projeto? • Com quem e aonde captar recursos?

Na visão de Silva (2000, p. 24), "A ênfase do planejamento estratégico está em direcionar, identificar e desenvolver muito mais do que em estabelecer objetivos concretos ou em predizer o futuro".

Para finalizar este capítulo, apresentamos a Figura 7.3:

Figura 7.3 – Ênfase do planejamento estratégico

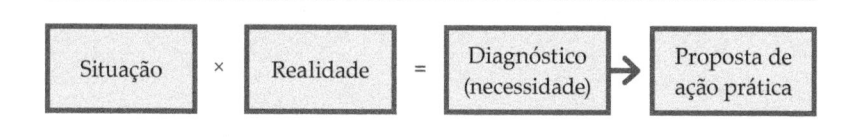

Situação × Realidade = Diagnóstico (necessidade) → Proposta de ação prática

Atividade

1. Diante das novas demandas e desafios colocados para o terceiro setor, o planejamento surge como uma atividade que compõe o processo de trabalho das organizações desse setor. Você e/ou sua empresa/organização está(ão) sendo requisitado(s) para assessorar uma organização que trabalha com crianças e adolescentes em vulnerabilidade e risco social.

    Descreva os passos para a elaboração de um plano de ação.

    I. Elaboração prévia de um plano de trabalho para mostrar competência e eficácia na prestação do serviço e na assessoria.

II. Sensibilização organizacional; análise situacional; inventário de ações já realizadas; apresentação de focos estratégicos para atuação; definição e eleição de prioridade organizacional; definição da estrutura organizacional.

III. Criação de política para a captação de recursos; escolha do processo de gestão e instrumentos a serem incorporados para implementação das ações; apresentação de indicadores custo-benefício.

Agora, assinale a alternativa que indica as sentenças corretas:
a) I e II apenas.
b) II e III apenas.
c) I e II apenas.
d) Todas as afirmativas estão corretas.

(8)

Diagnóstico do planejamento
estratégico no terceiro setor

Arno Vorpagel Scheunemann
Ivone Rheinheimer

A palavra *diagnóstico* quase sempre nos remete a questões da área de saúde, referindo-se a algum tipo de doença relativa ao ser humano; porém, esse termo também pode ser compreendido com base nessa lógica, mas aplicada a organizações do terceiro setor e como uma das principais ações para a realização e a operacionalização do planejamento. Trabalharemos, neste capítulo, o conceito, a estrutura e alguns tópicos do planejamento estratégico e do plano operacional para organizações que compõem o terceiro setor.

O diagnóstico tem um lugar no planejamento. Se não for bem elaborado, ele pode comprometer toda a execução e inviabilizar as ações, podendo fazer com que a organização corra o risco de optar por ações necessárias, mas não absolutamente prioritárias. Ele tem como função conter os dados que fundamentam a escolha das prioridades, prescrever e propor projetos.

Mas, o que é DIAGNÓSTICO? Segundo Ferreira (2009), é o "conhecimento ou determinação de uma doença pelos seus sintomas ou mediante exames diversos", ou seja, é um juízo sobre a realidade e se constitui por três elementos: ser um juízo; exercer esse juízo sobre a realidade da instituição; realizar esse juízo ou operacionalizá-lo. Isso significa que não basta fazermos a análise situacional, é preciso propormos ações efetivas (Gandin, 2001).

O diagnóstico não pode ser confundido com a mera descrição da realidade ou com o levantamento de problemas. O termo *diagnóstico* é composto por *dia* + *gnose*, que, etimologicamente, traz a ideia de separar para compreender, de conhecimento classificado. É por meio do diagnóstico que chegamos à visão institucional e à análise da realidade da organização social, de seus programas e dos cenários de atuação social e intervenção política (Baptista, 2004).

Na estruturação do diagnóstico:

- é necessário considerar os diferentes fatores da organização/instituição e a partir de que ponto são executados programas, projetos, ações não documentadas, campanhas, e seus respectivos objetivos;
- a análise se constitui com base nos dados quantitativos e qualitativos do que já está sendo realizado;
- a leitura criteriosa e analítica da documentação institucional, histórica, filosófica, dos relatórios de atividades, das atas de reuniões, dos planos, dos projetos, dos balanços, dos precedentes, permite a criação de cenários e fornece indicadores que contribuem para o atual momento;
- recomendam-se modelos flexibilizados e participativos com uma variedade de recursos para obtenção dos diferentes dados.

Para a elaboração do diagnóstico, é preciso definirmos uma metodologia, que diz respeito ao grau de abrangência ou complexidade da organização/instituição. Os modelos se alternam entre situacional, processual, participativo e interativo (Gandin, 1994):

- SITUACIONAL – Costuma-se dizer que é uma fotografia, ou melhor, uma radiografia do momento pelo qual a instituição passa, sendo unidimensional.
- PROCESSUAL – Observa diferentes momentos da organização, é dinâmico, e como o próprio nome diz, detém-se no processo das diferentes situações.
- PARTICIPATIVO – Contempla a participação dos diversos atores envolvidos – integrantes do conselho, diretoria, corpo técnico, usuários, voluntários, financiadores/doadores.
- INTERATIVO – Combina diferentes metodologias e inovações por meio de diferentes recursos de tecnologias.

De acordo com Gandin (1994), o diagnóstico no planejamento estratégico:

- pode conduzir para o sucesso ou insucesso do planejamento, pois uma análise falsa, simplista, equivocada, não analisada e avaliada devidamente compromete a execução e distorce o rumo das ações;
- é o ponto de partida para a realização de um plano; suas informações servem de referência para a definição de prioridades e cuidados com os fatores de risco.

A viabilidade do projeto é um aspecto a ser considerado, e precisamos levar em conta os aspectos sociais que se caracterizam pela cultura e os costumes locais. Para tanto, é de bom senso o diálogo com os diferentes saberes e representações culturais. O reconhecimento da organização/instituição que está à frente do projeto, a visibilidade pública que esta já adquiriu, sua idoneidade e ética na execução de seus programas e projetos são fatores fundamentais.

Outro aspecto diz respeito ao fator econômico, que se traduz em possibilidades de continuidade dos projetos existentes e de novos projetos que precisam ser implementados. Para podermos atender a esse aspecto, precisamos identificar as fontes de financiamento e ter o conhecimento de procedimentos e condições das fontes de recursos. Dessa forma, podemos dar uma forma mais definida às expectativas acerca do projeto, postura que viabiliza a negociação deste entre financiadores, financiados e beneficiários, bem como a implementação efetiva do financiamento.

Em relação ao fator econômico, o projeto se relaciona com a captação de recursos financeiros e com a articulação global de políticas. É importante percebermos as condições de possíveis financiadores e as relações políticas decorrentes dessas possíveis fontes de recursos, a fim de obtermos informações sobre quais políticas ou áreas que estes elegem como prioridade (educação, saúde, criança, idoso, meio ambiente etc.).

Apresentamos a seguir as diferenças entre planejamento estratégico e planejamento operacional (plano). Entendemos que a captação de recursos é um meio (instrumental = plano), que está a serviço do planejamento maior (estratégico), que tem como objetivo os fins (atingir a missão).

Quadro 8.1 – *Comparativo entre o planejamento estratégico e o operacional*

Planejamento estratégico	Plano operacional
Responde às perguntas "para que" e "para quem".	Responde às perguntas "como" e "com que".
Trata do médio e do longo prazo.	Fixa-se no médio e no curto prazo.
Fundamentalmente define os fins.	Trata prioritariamente dos meios.
Busca conhecer visões globalizantes.	Aborda cada aspecto isoladamente.
Dá ênfase à criatividade.	Dá ênfase à técnica e aos instrumentos.

(continua)

(Quadro 8.1 – conclusão)

Planejamento estratégico	Plano operacional
Busca a eficácia.	Esforça-se pela eficiência.
Tem o plano e o programa como expressão maior.	O programa e o projeto são sua expressão.
Serve à transformação.	Busca manter tudo funcionando.
É recomendado nas épocas de crises.	Sobressai nas épocas de rumos claros.
É uma tarefa de todo o povo.	É, sobretudo, tarefa dos administradores.
Propõe especialmente o futuro.	Dá ênfase ao presente (momento de execução).
Trabalha centrando-se nas necessidades.	Preocupa-se com os problemas.
Atento mais à elaboração e à avaliação.	Sua face essencial é a execução.

Fonte: Adaptado de Gandin, 2001, p. 55.

Atividade

1. O conteúdo da disciplina aborda o planejamento estratégico e o planejamento operacional. Enumere as atividades relacionadas a seguir com o número 1 (um) para os enunciados referentes ao planejamento estratégico e com o número 2 (dois) para os enunciados referentes ao planejamento operacional.

   ( ) Trata do médio e do longo prazo.
   ( ) É uma tarefa coletiva.
   ( ) Fixa-se a médio e a curto prazo.
   ( ) Responde às perguntas "para que?" e "para quem?".
   ( ) Responde às perguntas "como?" e "com o que?".
   ( ) Dá ênfase à técnica e aos instrumentos.

   Agora, assinale a alternativa que indica a sequência correta:
   a) 1, 2, 1, 2, 2, 1.
   b) 1, 1, 2, 1, 2, 2.
   c) 2, 2, 1, 2, 1, 1.

(9)

Captação de recursos

Arno Vorpagel Scheunemann
Ivone Rheinheimer

Neste capítulo, iremos refletir sobre o desafio e a necessidade da captação de recursos para organizações do terceiro setor para o enfrentamento das novas exigências que estão postas nesse contexto. A intenção, aqui, é evidenciar estratégias e processos que possam vir a contribuir com as transformações e a constituir um cenário social mais justo e mais humano para todos que interagem e fazem parte desse cenário. Isso não é utopia – é possível implementarmos projetos sociais por meio da viabilização de financiamentos e recursos destinados às ações de interesse público.

A expressão *captar recursos* vem ganhando força e tem garantido ou dado continuidade a muitos projetos, revertendo situações no contexto social e pessoal/particular. Muitos ainda preferem a expressão *mobilizar recursos*, por entenderem ser o seu sentido mais amplo, uma vez que essa expressão não diz respeito apenas a assegurar novos recursos ou adicionais, mas principalmente à forma como utilizá-los da melhor maneira, visando sempre à eficiência e à eficácia em sua aplicabilidade.

Outra terminologia muito presente nesse meio é o da *transferência de recursos*, pois historicamente existe uma tradição por parte de instituições que viabilizam seus projetos por meio de convênios, alianças, parcerias e doações individuais. Esses recursos podem ter diferentes origens e apresentar diferentes formas de doação, sendo possível constituir uma rede de doadores por meio dos que os captam, dos que os transferem e dos que os mobilizam. Fontes de recursos (doadores), captadores de recursos (técnicos, especialistas, voluntários) e mobilizadores (organização = pessoas que fazem o projeto acontecer) são articulados. Essa articulação pode ser centralizada, descentralizada ou distribuída, conforme a tipologia de redes apresentada pela Figura 9.1 a seguir.

Figura 9.1 – Tipologia de redes

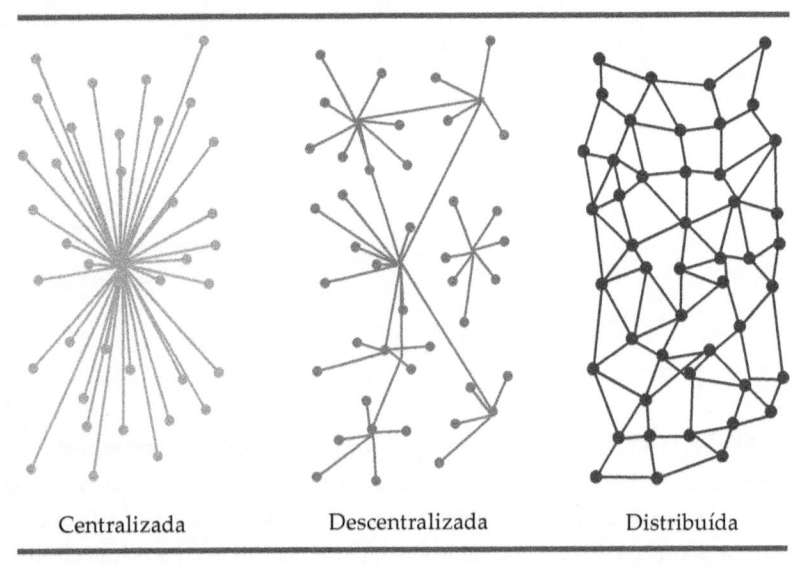

| Centralizada | Descentralizada | Distribuída |

FONTE: UGARTE, 2008, P. 20.

Para captarmos recursos, é preciso existir uma razão, um objetivo e um planejamento, cuja proposta seja pensada em benefício de uma sociedade mais igualitária, com mais acesso e oportunidades para todos.

Nos Estados Unidos, a captação de recursos se chama *fund raising*, expressão que, segundo Pereira (2001, p. 41), tem sua origem no termo inglês *fund*, significando "reserva de dinheiro para certa razão ou motivo", e *raising*, que, por sua vez, é um movimento em determinada direção, cujo sentido é angariar, erguer, aumentar, levantar. Para Broce, citado por Pereira (2001, p. 41), *fund raising* é o ato de solicitar uma doação em dinheiro. Trata-se de uma arte que é frequentemente descrita como a mais sofisticada de todas as formas de relações públicas, pois, além de lidar com os três setores, implica o conhecimento das complexas articulações entre seus respectivos atores, bem como a necessidade de despertar a vontade pessoal dos doadores.

Fund raising também é o termo que designa os captadores de recursos, os quais, nos Estados Unidos, são profissionais especializados que trabalham prestando assessoria para instituições, elaborando projetos, *folders*, catálogos, atuando diretamente na causa na qual se empregará o recurso. É uma profissão remunerada ou voluntária, que planeja e executa a captação para organizações ou causas sociais.

No Brasil, existe a Associação Brasileira de Captação de Recursos (ABCR)[a] – uma organização privada, sem fins lucrativos, que tem como finalidade promover, desenvolver e regulamentar a atividade de captação de recursos.

Muito utilizadas também são as expressões *aliança, parceria* e *convênio*. Assim sendo, ainda queremos evidenciar essas expressões e conceituá-las, a fim de contribuirmos para a captação de recursos bem-sucedida. Para isso, valemo-nos de Noleto (2000), que define esses conceitos conforme expostos a seguir.

Parceiro, segundo a autora, é aquele que é semelhante, par, parelho, que vem para somar e se fortalecer mutuamente para que todos os envolvidos possam atingir um determinado fim, que tenham interesses em comum; enfim, "significa uma associação em que a soma das partes representa mais que o somatório dos seus membros" (Noleto, 2000, p. 13). Essa autora continua dizendo que, como em toda sociedade, os sócios têm como responsabilidade apenas a parte com que entram na associação e seu retorno é proporcional ao investimento feito.

Também ouvimos falar em aliança – que a mesma autora descreve como o ato de unir-se –, caracterizada como um pacto, que pode ser de amizade ou de cooperação entre estados, muito usada na política partidária. Também é bíblica, como a famosa aliança de Deus com Moisés. A própria grafia da palavra já nos remete simbolicamente a um anel, o qual, dado a alguém, evidencia o interesse de um compromisso, noivado ou casamento, que representa, ou deveria representar, um elo indissolúvel. Aliado é aquele que está unido por um pacto, aquele que aceita a aliança.

---

a. A ABCR possui um código de ética e padrões da prática profissional. Para visualizar esse documento, acesse o *link*: <http://captacao.org/recursos/institucional/codigo-de-etica.html>.

CONVÊNIO, por sua vez, é um contrato de negócios que tem por objetivo a prestação de serviço por meio de uma contrapartida, que se configura por contratos profissionais com prazos preestabelecidos em documentação formal.

Vejamos o que existe de semelhante e por quais fatores se distinguem a parceria, a aliança social e o convênio, quando aplicados ao contexto do terceiro setor.

Quadro 9.1 – *Semelhanças e divergências entre parceria, aliança social e convênio*

PARCERIA	ALIANÇA	CONVÊNIO
• Intercomplementariedade entre as organizações, que se traduz em recursos e capacidades entre aquelas que, mesmo não tendo o mesmo objeto, têm interesses em comum. Não significa apenas uma doação, é mais do que isso – a parceria possui intencionalidades que se constituem um diferencial. • Efetiva-se na captação de recursos.	• União de organizações que poderiam atuar de forma independente diante de uma determinada questão, mas decidem fazê-lo conjuntamente, motivadas pela consciência da complexidade da ação a ser empreendida e pela constatação de que compartilham crenças, valores, pontos de vistas e interesses que as levam a se fortificar diante de uma determinada realidade. • Efetiva-se a fim de que se busquem parceiros.	• Complementaridade com repasse de recursos, geralmente financeiros, na qual uma organização presta o serviço e a outra repassa o recurso a fim de que tal serviço seja realizado. • É um contrato acordado de interesses mútuos.

FONTE: ADAPTADO DE PEREIRA, 2001.

Os conceitos são diversificados, assim como as fontes, não sendo diferente com os recursos que não se limitam a doações em dinheiro. Existem doações em espécies por meio de recursos materiais (computadores, *softwares*, móveis, imóveis e outros), bem como recursos humanos (profissionais que disponibilizam serviços e/ou trabalho especializado como voluntários). Para tanto, precisamos ter clareza dos diferentes recursos a captar, não nos limitando a um único tipo, mas estabelecendo qual forma de doação é a mais aplicável ao projeto para mobilizá-la, de modo a atender na íntegra a natureza dos objetivos do projeto aventado.

Entre as diferentes terminologias e seus respectivos significados, ainda precisamos abordar algumas que dizem respeito a essa temática, sobre as quais é preciso que tenhamos clareza e cuja utilização nos remete às diferentes fontes de recursos que podem se constituir fontes financiadoras ou fontes geradoras.

(9.1) Fontes de recursos

Para Kisil (2001), são instituições ou indivíduos que financiam propostas de programas e projetos para uma organização social. A autora recomenda que é preciso saber escolher as fontes e também chama atenção para o compromisso que a organização terá, uma vez que esse doador, que é um interessado pela causa do seu projeto, está delegando à sua instituição aquilo que gostaria de fazer, mas não pode.

Então, a quais fontes podemos recorrer?

Quadro 9.2 – Fontes de recursos

O Estado	As agências internacionais	O setor privado
• Prefeitura; • Governo estadual; • Agências governamentais; • Empresa pública.	• Organismos da ONU; • Agências regionais.	• Empresas; • Indivíduos; • Organizações sem fins lucrativos; • Institutos e fundações; • Organizações religiosas.

Fonte: Adaptado de Kisil, 2001, p. 14.

Vejamos cada uma dessas fontes com maiores detalhes a seguir.

O Estado

O governo de um país sempre se vale de agências governamentais para compor seu programa de desenvolvimento. Geralmente, o Estado dispõe de grandes quantidades de recursos, que se traduzem em dinheiro, assistência técnica e equipamento. Algumas dessas agências respeitam o espaço geográfico a que pertencem, mas muitas atuam em nível internacional.

Podem ser fontes de recurso do Estado:

- PREFEITURAS – Sempre possuem interesse em apoiar iniciativas da comunidade, desenvolvidas pela própria sociedade local. Quando os recursos se traduzem em dinheiro, os projetos precisam ser votados pela câmara de vereadores e a prefeitura destinará verbas públicas para esse projeto no seu orçamento anual.
- EMPRESAS PÚBLICAS – Geralmente, os recursos se traduzem como apoios àqueles projetos que são afins ao seu objeto de trabalho. Muito bem-vindos são projetos que se manifestam na forma de convênios. Exemplificando: uma companhia de transporte coletivo pode firmar um convênio para transportar as pessoas usuárias de um programa de determinada localidade enquanto durar o projeto ou enquanto os beneficiários necessitarem desse benefício.

Os convênios geralmente são firmados com o governo, seja este federal, estadual ou municipal, por meio de grandes somas e por longos períodos, geralmente obtendo como contrapartida serviços especializados que fortalecem os serviços prestados na área da educação, da saúde, da assistência social, bem como na relação de coparticipação entre governo e ONGs em regime de mútua cooperação, visando à prestação de serviços eficientes e eficazes, mediante assessoria técnica que possa responder aos reais interesses e necessidades da população.

As agências internacionais

As agências especializadas da Organização das Nações Unidas (ONU) geralmente estão vinculadas a governos e uma de suas responsabilidades consiste no financiamento da assistência técnica (recursos humanos) dos projetos e programas que têm como base suas diretrizes e que compactuam com as mesmas iniciativas da ONU.

Agências regionais, como o próprio nome diz, direcionam-se para o desenvolvimento regional e operam na América Latina por meio de comissões de assuntos setoriais (educação, saúde, assistência) e seguem o mesmo padrão da ONU.

O setor privado

Empresas que financiam projetos visam a vantagens, tais como isenção fiscal e um diferencial competitivo, pois a ação social é uma das dimensões da responsabilidade social corporativa. As empresas que almejam esse caráter social vinculado aos seus negócios procuram sintonizar seus projetos com a qualidade de vida e disponibilizam recursos dos mais variados – assessoria técnica especializada; doação de materiais; cessão de espaços físicos para realização de eventos, como quadras de esportes, restaurantes, centros de treinamento etc. Segundo Kisil (2001, p. 15), "Há empresas que fazem isso diretamente, representadas por organizações sem fins lucrativos que gerenciam os recursos em prol da filantropia e do desenvolvimento social".

As empresas geralmente têm seus projetos próprios, mas isso não as impede de financiar projetos de terceiros. Muitas contribuem apenas para terceiros, por não entenderem isso como parte de seu produto-fim, defendendo a existência independente de funcionamento de projetos. Algumas organizações sem fins lucrativos exercem a filantropia com recursos advindos da iniciativa privada, geralmente atuando com demandas de saúde, educação, meio ambiente, agricultura etc. Estruturam-se com base em institutos ou fundações que seguem a direção política e cultural de quem os mantém. Contudo, indivíduos doadores que compartilham os interesses pelo trabalho social podem vir a ser doadores eventuais ou permanentes, podendo fazer parte do quadro de associados e se tornar sócios mantenedores.

Já os recursos individuais são aqueles disponibilizados por pessoas movidas e envolvidas pelo princípio de "amor ao próximo", atingidas pelo coração e envolvidas pela emoção. Eles podem se constituir uma rede de potenciais doadores, são menos exigentes e precisam de mais envolvimento; contribuem para as mais diversas causas, ousadas inclusive; podem doar seu trabalho, além do dinheiro, em várias áreas, quando essas pessoas são solicitadas. Fidelizar os doadores é uma tarefa que requer muito tempo, mas é possível transformar doadores eventuais em contribuintes sistemáticos. É trabalhoso, porém não impossível.

As pessoas doam pelas seguintes razões:

- obrigação moral de ajudar;
- satisfação pessoal em ajudar os outros;
- para livrar-se da culpa de não ajudar;
- para manter ou melhorar *status* social, prestígio, respeito, admiração;
- resposta à pressão do meio social;
- compaixão ou empatia;
- identificação pessoal com a causa ou o benfeitor (dirigente da instituição);
- interesse pessoal;

- influência religiosa;
- necessidade de ser necessário;
- substituição à participação ativa em trabalhos sociais;
- apoio à missão e à proposta da organização;
- relacionamento pessoal com a organização;
- admiração pela missão da organização;
- para sentir-se virtuoso;
- para dar evidências do seu sucesso e de sua capacidade de doar;
- para expressar amor;
- para expressar esperança (por alguma cura);
- para acabar com o medo (fogo, doença, inferno etc.);
- pelo apelo da causa;
- para ser lembrado;
- para ganhar reconhecimento e/ou atenção;
- para passar a fazer parte de um grupo seleto, pelo senso de pertencimento;
- para preservar as espécies (doações para organizações relacionadas ao meio ambiente);
- para ganhar imortalidade;
- para autossatisfação psíquica;
- para autorrealização indireta;
- dar a alguém (sentir-se com um extensão do outro);
- desejo de fornecer ao público bens que são usados por ele particularmente;
- desejo de fornecer ao público bens que são usados por outro particularmente;
- desejo de fornecer bens ao público, para que outros não tentem usá-los particularmente;
- satisfação gerada pela própria propriedade de bens;
- satisfação nos resultados gerados por sua contribuição;
- para proporcionar condições de emprego;
- como respostas à expectativa de liderança do meio social;
- desejo de ser um agente para o bem público;
- satisfação em ver outros satisfeitos;
- benefícios fiscais.

Fonte: Cornerstone Consulting Group, citado por Cruz, 2001, p. 35.

> ### Dicas
>
> Seguem dicas importantes para fundações, organizações, instituições religiosas, enfim, a qualquer grupo ou indivíduo que deseje promover um projeto de cunho social:
>
> - elaborar diferentes estratégias de sensibilização;
> - utilizar diferentes recursos para contatos pessoais (*telemarketing*, visitas, correspondências, *e-mail* etc.);
> - criar um banco de dados informatizado, identificando doadores ativos e potenciais;
> - valorizar os doadores (agradecimentos por cartas, eventos públicos com entrega de placas, certificados).

Uma nova modalidade tem chamado a atenção de muitos que trabalham em atividades de cunho social – os concursos e os prêmios. Têm sido praxe de alguns institutos e fundações mobilizar atenções em torno de algum tema. Quem promove eventos com esse escopo fixa regras e, na maioria das vezes, oferece formulários de inscrição, analisa os projetos e seleciona os ganhadores. Os prêmios sempre ajudam a disseminar as ações empreendidas, resultando em *marketing* e atraindo outros investidores. Esses eventos se caracterizam pelo oferecimento de troféus, valores em dinheiro, títulos de honra pública, diplomas, campanhas publicitárias para divulgação do projeto etc.

Além daquilo que tratamos até aqui, é importante focarmos a administração de convênios, uma vez que dela depende, em grande parte, a continuidade de parcerias e projetos, bem como a possibilidade de novas parcerias e outros projetos. Uma boa e coerente administração de convênios se constitui em salvo--conduto para o futuro.

> ### Considerações sobre a administração de convênios
>
> Alertamos para alguns itens que se constituem pontos a considerar nessa investida:
>
> - ser persistente para vencer os entraves burocráticos;
> - estabelecer diálogos sistemáticos;
> - descobrir todos os tipos de convênios que podem ser estabelecidos;
> - pedir recursos financeiros e formação técnica;
> - ter estratégias para manter-se dentro das políticas dos governos;

- atentar para a possibilidade de descontinuidade dos programas e para a falta de compromissos com o estabelecido (ambas as partes);
- observar prazos de repasse de verba;
- remanejar verbas destinadas ao terceiro setor;
- **ter pessoas com perfil adequado para a administração/gestão com evidências dos fatos documentados;**
- apresentar documentação legalizada.

Os convênios implicam parcerias. No setor privado, as parcerias são estabelecidas, em sua maioria, com empresas. Estas, por sua vez, agregam um diferencial à sua marca. Para isso, exigem evidências de credibilidade de quem executa as ações empreendidas por elas financiadas. As decisões de doações são menos burocratizadas e, quando efetivadas, geralmente são feitas ao longo do ano. As empresas costumam fazer doações para projetos que tenham afinidade com sua finalidade. Exemplificando, é possível dizermos que um projeto que visa à pintura anual de uma creche obterá com maior probabilidade o recurso com uma empresa de tintas do que com uma empresa de ônibus, sendo que a recíproca é verdadeira, caso a creche necessite de transporte para eventuais passeios promovidos pela instituição. O importante é mantermos o foco da captação na própria finalidade que a empresa tem como negócio (produto e/ou serviço).

Nesse sentido, é preciso atentarmos para:

- parcerias éticas que agreguem credibilidade e visibilidade para ambos;
- sensibilização de funcionários para serem voluntários em ações do projeto;
- projetos claros e diretos, com previsão orçamentária no corpo do projeto, devidamente adequados à norma culta, com boa visualização e sucintos;
- **expectativa de profissionalismo por parte do empresariado;**
- garantia de visibilidade e retorno da imagem da empresa (isso precisa estar previsto);
- **compatibilização de finalidades e interesses com a área de** *marketing* **da empresa para garantir retorno na comunidade;**
- difícil acesso a quem decide;
- instabilidades econômicas;
- apresentar o benefício direto e indireto à empresa;
- parte do balanço social contribua com uma empresa de responsabilidade social;
- conhecimento da empresa;
- preparo de uma abordagem que demonstre como o projeto vai ao encontro dos objetivos e finalidades da empresa;

- marcação de hora e certificação quanto à possibilidade de uma apresentação com recursos visuais de 15 a 20 minutos para os representantes da empresa;
- abertura para recursos financeiros, humanos e materiais;
- posse de uma lista de necessidades que não envolvam dinheiro;
- consideração da possibilidade de contribuições para eventos especiais, vendendo convites etc.;
- procura de empresas da comunidade;
- lembrança de que empresas são organizações comerciais, industriais, bancárias e de serviços; enfim, todas as que movimentam o mercado;
- encaminhamento de solicitações no início do ano fiscal;
- elaboração de diferentes propostas para o mesmo projeto e diferentes projetos para a mesma proposta.

Os institutos e as fundações se caracterizam, na maioria das vezes, por somas substanciais, doadas geralmente de uma só vez, para um determinado período, geralmente de um a três anos. Normalmente também possuem propostas formatadas em modelos próprios, que auxiliam no desenho de indicadores e obtenção de resultados. Essas organizações possuem uma missão e um público-alvo claros, fatores que facilitam a identificação. Vejamos alguns alvos dessas instituições:

- crianças e adolescentes;
- famílias;
- violência;
- assistência;
- saúde;
- educação;
- meio ambiente;
- movimentos populares;
- qualidade de vida.

A prestação de contas por parte dos institutos e das fundações sempre é obrigatória, exigindo-se total transparência nesse processo, a exemplo das empresas, cuja continuidade do registro depende dessa prestação.

Outro aspecto importante diz respeito à priorização de projetos criativos e diferenciados que possam ser multiplicados em outros contextos. Para um parceiro doador, é importante que o projeto seja versátil e dinâmico em termos de aplicabilidade, pois aumenta a visibilidade social do doador. Além disso, é importante considerarmos que empresas socialmente responsáveis preferem investir em projetos que visam à emancipação dos sujeitos para a sustentabilidade das ações após o término do recurso.

Por essa razão, é preciso termos claro os seguintes critérios em relação às fundações:

- missão a que se propõe cada fundação;
- se estas valorizam o profissionalismo e exigem garantia de trabalho qualificado;
- se porventura gostam de projetos de geração de renda e que contribuam para a realização de sua missão;
- se inicialmente disponibilizam parte de dinheiro, fornecem treinamento e acompanham os trabalhos;
- se exigem o desenho de indicadores iniciais e os índices que foram modificados com base no trabalho realizado;
- se geralmente não apoiam eventos;
- conhecimento comprovado sobre o contexto social, econômico e político da operacionalização do projeto;
- conhecimento das necessidades da comunidade e como resolvê-las;
- clareza dos objetivos;
- associação de projetos a valores e resultados para a comunidade que o projeto tem como alvo;
- justificação e comprovação da necessidade de apoio para 2 ou 3 anos.

Algumas instituições de origem religiosa têm como prática subsidiar ações sociais por meio de recursos advindos de sua própria congregação e de doações individuais. Os recursos se caracterizam por doações avulsas ou em dinheiro, podendo ser utilizados para diversas finalidades operacionais. É muito comum as congregações e/ou paróquias já terem seus próprios projetos. Isso as coloca muito mais em uma situação de necessidade de captação de recursos do que de detenção de recursos. Quando essas instituições repassam os recursos a outros projetos, estes precisam estar adequados a princípios, crenças e valores das ações da agenda mais ampla da igreja.

É importante, assim, considerarmos os seguintes fatores:

- os princípios confessionais que fundamentam a instituição;
- o fato de que as instituições religiosas geralmente apoiam eventos, cedendo espaço físico (salão/cozinha/pátio/móveis e utensílios);
- é preciso fazer a solicitação do apoio com muita antecedência, respeitando os trâmites e aprovações em reuniões ou plenárias/assembleias dos membros ou com lideranças;
- processos definidos por critérios preestabelecidos e identificação com a sua causa;

- a possibilidade de a instituição dar visibilidade para a coerência entre teoria e ação, entre aquilo que ela confessa e aquilo que faz;
- a possibilidade da integração instituição religiosa com a comunidade.

Fontes geradoras de recursos

A realização de eventos e campanhas especiais são fontes geradoras de recursos e são, de fato, iniciativas legítimas, que precisam ter como motivação o envolvimento direto da causa com o evento. Este pode se concretizar por meio de um jantar especial, de um bazar, de brechós, da reciclagem de materiais; podem ser criativos e divertidos, tornando-se marcantes e esperados todos os anos. Nesses casos, precisamos fortalecer o vínculo dos participantes, dos doadores e dos patrocinadores com a causa, obtendo recursos materiais e humanos. Precisamos igualmente tomar cuidado e contarmos sempre com a ajuda de pessoas e/ou equipes de trabalho experientes, para não corrermos risco de que os gastos sejam maiores que o retorno. Geralmente, essas atividades precisam ser bem planejadas, prevendo pessoas capacitadas, capital inicial, local e *marketing* focado na causa.

A seguir, apresentamos alguns itens para os quais chamamos a atenção:

- estudo de viabilidade;
- criação de comissão organizadora para cada tipo de evento;
- organização de comissões por meio de voluntários;
- consideração da relação entre o evento, a imagem, a causa e os objetivos da organização;
- planejar e cumprir o cronograma para a realização do evento, fazendo uma lista das atividades/tarefas, nominando os responsáveis e prevendo as datas;
- considerar a possibilidade de repetir o evento, estabelecendo uma frequência mensal, semestral, anual etc.;
- criar uma marca para que todos possam identificar o evento e prestigiá-lo sempre que aconteça; podem também ser quantificados: 1° almoço, 5° jantar, 3ª feira;
- escolher locais acessíveis;
- tomar cuidado com relação à escolha de datas, não sobrepondo calendários e/ou concorrendo com eventos da comunidade, municípios etc.;
- avaliar os eventos com todos os integrantes da equipe e aprender com as atividades não conformes.

> *Dicas*
>
> Relacionamos a seguir algumas "dicas" para a organização de eventos especiais para captação de recursos fornecidas pela administração da Cruz Vermelha da Inglaterra, traduzidas por Cruz (2001):
>
> 1. sempre tenha um objetivo claro;
> 2. permita-se muito tempo para o planejamento;
> 3. minimize seus riscos financeiros;
> 4. sempre inclua "custos de *staff*" (custo administrativo) em seu orçamento;
> 5. considere a possibilidade de contatar um organizador de eventos externo à sua organização;
> 6. sempre tenha a proposta do evento por escrito;
> 7. não faça eventos malucos ou absurdos;
> 8. sempre prepare um plano de ação para o evento;
> 9. escolha um lugar adequado para seu evento e que seja fácil de gerenciar;
> 10. **garanta que todos os eventos melhorarão seu perfil profissional;**
> 11. lembre-se de que pessoas gostam de estar com ou entre pessoas famosas;
> 12. faça sempre uma pesquisa aprofundada para organizar seu evento e com muita antecedência;
> 13. tenha um comitê voluntário para dar suporte ao evento;
> 14. sempre avalie os resultados após o evento.

Independentemente das fontes doadoras ou geradoras, precisamos entender que todos dependem e precisam de doadores. "Doador é o indivíduo ou instituição que fornece recursos humanos ou financeiros para determinado objetivo" (Pereira, 2001, p. 32). Então, podemos inferir que é a pessoa, a organização, a intuição, a entidade, a fundação ou o governo que fazem a doação ou dão a contribuição para causas que visam apoiar iniciativas da sociedade como um todo ou grupos específicos de interesse comum.

(9.2) Tipos de recursos disponíveis

Tendo como referencial o *Manual de fundos públicos*, que reúne informações necessárias para adequação das diferentes linhas de financiamento, relevante para o levantamento de dados, apresentamos a seguir informações do próprio manual elaborado pela Associação Brasileira de Organizações Não Governamentais

(Abong), que nada mais é que o próprio *Manual de fundos públicos*, que apresenta às organizações da sociedade civil as alternativas de financiamento público para seus projetos, os tipos de recursos disponíveis para financiamentos, transferência de recursos e seus critérios (Abong, [2004?]).

O conhecimento desses critérios é importante para a análise da conveniência (ou não) de determinada fonte de recursos (tipo de recursos – a fundo perdido ou não; disponibilidade – todo o tempo ou apenas em momentos específicos; ou regras de acesso) para o financiamento do seu projeto.

- RECURSO A FUNDO PERDIDO – São recursos sobre os quais não incidem custos financeiros e para os quais não se exige o reembolso, mas apenas a prestação de contas.
- RECURSOS DISPONÍVEIS NA FORMA DE LINHA DE CRÉDITO COM JUROS SUBSIDIADOS – São os recursos oferecidos por meio de agentes financeiros, sobre os quais incidem juros menores que aqueles do mercado.
- RECURSOS DISPONÍVEIS NA FORMA DE INCENTIVOS FISCAIS PARA FINANCIADORES PRIVADOS – São recursos que o governo disponibiliza na forma de dedução de impostos devidos pelo financiador de projetos ou pelo contribuinte de fundos de financiamento de projetos. Um exemplo desse tipo de incentivo é a Lei n° 8.313, de 23 de dezembro de 1991, conhecida como *Lei Rouanet* (Brasil, 1991b). No dia 23 de março de 2009, o governo federal apresentou uma nova proposta para essa lei, a qual permaneceu para consulta pública durante 45 dias. Entre as alterações, destacamos a dos índices de renúncia[b], os quais deixarão de ser apenas dois (30% e 100%) para serem de 30%, 60%, 70%, 80%, 90% e 100% de renúncia.

(9.3) Mecanismo de apresentação de projetos

De acordo com a Abong ([2004?]), em relação à apresentação de projetos para a arrecadação de recursos, estes podem ocorrer de duas maneiras:

---

b. Índice de renúncia se trata do índice/percentual de impostos que não precisam ser pagos em função da doação feita. Ou seja, em vez de pagar para o governo, o imposto pode ser destinado para instituições ou projetos.

- *Recursos disponíveis para a apresentação espontânea de projetos (demanda espontânea)*: são aqueles disponibilizados de acordo com a iniciativa das ONGs no sentido de desenvolver e apresentar projetos segundo regras e critérios previamente estabelecidos. A oferta desses recursos é contínua e está relacionada a políticas ou programas de governo.
- *Recursos disponíveis para a apresentação induzida de projetos (demanda induzida)*: são os recursos disponibilizados para a contratação de projetos específicos, mediante processo de seleção, com a utilização ou não de editais de licitação. Neste caso, a iniciativa é do interessado na contratação dos projetos. Tais recursos são oferecidos pontualmente, para o atendimento de situações específicas e em geral por tempo limitado.

Mecanismo de estabelecimento de regras e de avaliação de projetos

Existem alguns mecanismos para a obtenção de recursos, os quais são, explicados na sequência.

Recursos gerenciados na forma de fundos

Para os fins aqui ensejados, serão considerados fundos todos os recursos a serem aplicados nos projetos e/ou programas tratados aqui. As regras de acesso, nesse caso, estão definidas no âmbito de cada fundo.

Cada captação tem seus próprios fundos, mas nem todos são diretamente acessíveis por organizações não governamentais (ONGs) no nível federal – alguns só admitem a apresentação de projetos por ONGs nos níveis estadual e municipal. Em alguns casos, a fonte dos recursos é estrangeira.

Recursos gerenciados no âmbito de programas

Nesse caso, as aplicações são direcionadas para objetivos específicos e as regras e os critérios só valem para determinado tipo de programa, sendo, de certo modo, secundária a origem dos recursos, que pode, em vários casos, ser múltipla.

Recursos gerenciados por órgãos governamentais

É o caso dos recursos que se tornam disponíveis após a apresentação de projetos que serão desenvolvidos em conjunto e/ou sob a delegação de funções ou supervisão de órgãos da estrutura do governo federal, estadual ou municipal.

O governo federal, por meio de seus ministérios, mantém períodos e critérios básicos para participação, apresentação e seleção de projetos, disponibilizando inclusive o modelo e/ou formulário de projeto, o que facilita o processo para ambos – captador e doador. Visto que esses recursos dependem diretamente da aprovação do orçamento federal, é necessário observar o período apropriado de acordo com a legislação vigente, como, por exemplo: períodos eleitorais, reforma ministerial e outras reformas relativas a transições de autoridade.

Nesse sentido, é importante consultarmos *sites* das respectivas áreas já mencionadas na busca de informações. Os primeiros dados relativos aos projetos existentes nos ministérios, após as eleições de 2006, que possuem recursos orçamentários ou que administram fundos federais para realização de parcerias com organizações do terceiro setor, estão disponíveis nos ministérios das Minas e Energia, da Ciência e Tecnologia, do Meio Ambiente, Agricultura e Abastecimento, do Trabalho e de Emprego, e da Cultura[c].

Atividade

1. Marque com (V) as alternativas verdadeiras e com (F) as falsas:

   ( ) A captação de recurso se materializa por meio de um doador pessoa física ou de uma instituição que fornece recursos humanos ou financeiros para determinado objetivo.
   ( ) Podemos inferir que as intuições, as organizações e as entidades só podem receber recursos advindos do primeiro setor.
   ( ) A realização de eventos e campanhas não é considerada fonte geradora de recursos.
   ( ) Recurso a fundo perdido são os recursos sobre os quais não incidem custos financeiros e para os quais não se exige o reembolso, mas apenas a prestação de contas.
   ( ) São consideradas demandas espontâneas aquelas disponibilizadas de acordo com a iniciativa das ONGs no sentido de desenvolver e apresentar projetos segundo regras e critérios previamente estabelecidos.

---

c. Você encontrará no apêndice deste livro uma relação de *sites* interessantes que devem ser acessados, pois contribuirão imensamente para o conteúdo aqui apresentado.

( ) São consideradas demandas induzidas aquelas disponibilizadas para a contratação de projetos específicos, mediante processo de seleção, com a utilização ou não de editais de licitação.

Agora, assinale a alternativa que indica a sequência correta:
a) F, V, V, F, V, F.
b) V, F, V, F, V, F.
c) V, F, F, V, V, V.

(10)

Marketing social

Arno Vorpagel Scheunemann
Ivone Rheinheimer

Na formatação do conteúdo deste capítulo, percorreremos alguns aspectos históricos, conceituais e metodológico do *marketing* social, tentando **refletir sobre como surgiu e sua relação com o terceiro setor. Questionamos essa linha do** *marketing* **e sua relação com a captação de recursos por meio da abordagem de seu produto e de sua tecnologia, referenciais importantes para discerni-lo do** *marketing* **comercial.**

(10.1) Conceituação e histórico

Reportando-nos ao conceito de *marketing*, veremos que ele designa o "Conjunto de atividades que, a partir do estudo constante do consumidor e das tendências do mercado, chega à definição e fabricação do produto ou serviço, à sua composição, distribuição e até utilização final, procurando compatibilizar os interesses do consumidor e da empresa" (Rabaçã; Barbosa, 1998, p. 387).

A definição "pura" de *marketing* é o ponto de partida para o desmembramento que a utilização deste passou a adotar na busca pela disseminação de um determinado produto (ex: *marketing* institucional, esportivo, ambiental etc.), sendo, portanto, uma forma de comunicação que pode ficar restrita à venda de um produto, mas também ser ampliada para a venda de uma ideia ou causa. É o caso do *marketing* social.

Fontes e Schiado, citados por Fontes (2001, p. 10), definem o *marketing social* como a "Gestão estratégica do processo de introdução de inovações sociais a partir da adoção de comportamentos, atitudes e práticas individuais e coletivas orientadas por preceitos éticos, fundamentados nos direitos humanos e na equidade social". Sendo assim, *marketing* social não é venda de um produto ou imagem, mas a busca pela disseminação de ideias, causas ou comportamentos, utilizando, para tanto, as ferramentas de *marketing* que nos permitirão atingir as inovações sociais que os autores mencionam.

Cabe, então, questionarmos: Como surgiu o *marketing* social? O resgate histórico dessa linha especializada do *marketing*, formulado por Fontes (2001), aponta para o século XIX, quando a epidemiologia, por meio dos estudos do Dr. John Snow, identificou que a saída para muitos dos problemas de saúde pública daquele período residia na necessidade de disseminar a mudança de comportamento da população. De lá para cá, segundo o autor, a adoção do *marketing* social passou por três momentos:

- 1º MOMENTO – O uso de meios massivos de comunicação foi a estratégia de *marketing* adotada para a área social, o que gerou a síndrome da pirâmide invertida (Fontes, 2001), ou seja: informação ⟶ conhecimento ⟶ comportamento.

Exemplo:

As campanhas iniciais do Ministério da Saúde sobre a prevenção à Aids utilizavam de forma massiva a informação e pouco enfocavam a mudança de comportamento.

- 2º MOMENTO – O uso de ferramentas de *marketing* na área social gerou uma confusão entre *marketing* comercial e social.

Exemplo:

O McDia Feliz – o centro da campanha é o produto mais vendido na rede do McDonald's, entretanto, a estratégia para captar o cliente é a da causa da criança com câncer infantil.

- 3º MOMENTO – O uso de ferramentas de *marketing* está a serviço da atuação no mercado social.

Exemplo:

O produto das campanhas do Ministério da Saúde sobre a Aids se baseia no produto "comportamento sexual seguro".

Outro elemento importante em termos de *marketing* social são os aspectos metodológicos implicados, os quais receberão atenção especial a seguir.

(10.2) Aspectos metodológicos

A atuação no mercado social, utilizando-se do *marketing*, parte da adoção dos "4Ps" que tradicionalmente compõem o *marketing* comercial (Produto, Preço, Ponto de distribuição e Promoção) juntamente a 2 outros "Ps" (Público-adotante e Pessoal) (Fontes, 2001). Assim, qual é o produto do *marketing* social? É o produto social, entendido como o comportamento, a ideia ou a prática que se quer desenvolver, promover ou vender.

Esse produto só tem sentido se estiver associado a uma tecnologia social. Esta diz respeito ao meio que facilita a adoção de comportamentos sociais e representa um aliado fundamental para a atuação no mercado social.

Exemplo:

No caso da campanha do Ministério da Saúde citada, consiste no uso da camisinha masculina e da feminina.

Entretanto, a adoção da camisinha precisa estar associada a uma promoção (estratégia utilizada para aproximar a demanda à oferta de produtos sociais), a um preço (pode ser tangível e intangível, ou seja, de alcance individual ou coletivo e com preços baixos ou altos) e a um ponto de distribuição (são as estruturas físicas nas quais se aproxima a demanda à oferta dos produtos sociais), bem como direcionada a um público-adotante (segmentação do público que potencialmente poderá adotar o produto social).

Exemplo:

Promoção = campanhas de Aids no período de carnaval;

Preço = tangível e baixo (com R$ 1,50, o indivíduo se protege da Aids) e intangível (ao fazer sexo seguro, o indivíduo protege a si mesmo e ao(s) parceiro(s) que tiver);

Ponto de distribuição = clubes e postos de saúde;

Público-adotante = adolescentes e adultos.

Além disto, o *marketing* social é completo quando há um pessoal (profissionais capacitados para a gestão de uma determinada campanha de *marketing* de cunho social) apto a desenvolver campanhas direcionadas a um determinado mercado e produto social. O perfil desse pessoal pode variar em função do produto social que será trabalhado.

Exemplo:

Para a campanha de combate à violência, haverá a necessidade de um profissional com conhecimentos na área.

(10.3) O *marketing* social é a captação de recursos?

Que relação podemos estabelecer entre o *marketing* social e a captação de recursos? De um modo geral, ambos atuam na promoção de novos comportamentos, bem como disseminam causas. A questão central é: Em que medida conhecemos e podemos utilizar o *marketing* social como ferramenta do nosso trabalho profissional? Novamente, deparamos-nos com uma demanda emergente no mercado/realidade, que certamente exigirá um profissional da área da comunicação. Nesse sentido, o *marketing* poderá ou não ser uma ferramenta de trabalho profissional, respeitadas as especificidades profissionais.

Nesse sentido é importante termos em mente as seguintes iniciativas:

- angariação de agência de propaganda para fazer materiais promocionais;
- prepação de material de campanhas;
- mobilização da mídia para campanhas e coberturas de eventos;
- confecção de adesivos, camisetas, sacolas;
- confecção de *folders* com diversos produtos/serviços que mostrem suporte à causa.

Atividade

1. O *marketing* social é utilizado da seguinte forma:

    a) Como gestão estratégica do processo de introdução de inovações sociais por meio da adoção de comportamentos, atitudes e práticas individuais e coletivas orientadas por preceitos éticos, fundamentados nos direitos humanos e na equidade social.

    b) Como um meio de venda de um produto de uma organização não governamental.

    c) Como uma ferramenta destinada unicamente para a captação de recursos.

Referências

ABONG – Associação Brasileira de Organizações Não Governamentais. *Manual de fundos públicos*: controle social e acesso aos recursos públicos. [2004?]. Disponível em: <http://www.abong.org.br/final/caderno2.php?cdm=10408>. Acesso em: 31 ago. 2009.

ANDRADE, M. G. V. de. *Organizações do terceiro setor*: estratégias para captação de recursos junto às empresas privadas. 2002. Dissertação (Mestrado em Engenharia da Produção) – Universidade Federal de Santa Catarina, Florianópolis, 2002.

ASHLEY, P. A. (Coord.). *Ética e responsabilidade social nos negócios*. São Paulo: Saraiva, 2002.

BALANÇO: Fórum Social 2009 – Belém – Pará – Brasil. 2009. Disponível em: <http://cobertura forumsocialmundial.blogspot.com/2009/02/balanco-forum-social-2009-belem-para.html>. Acesso em: 15 set. 2009.

BAPTISTA, M. V. *Planejamento social*: intencionalidade e instrumentação. São Paulo: Veras, 2004.

BOFF, L. A ética e a formação de valores na sociedade. *Revista Instituto Ethos Reflexão*, São Paulo, ano 4, n. 11, p. 1-13, out. 2003.

BRASIL. Constituição (1988). *Diário Oficial da União*, Brasília, DF, 5 out. 1988.

BRASIL. Decreto n. 3.415, de 19 de abril de 2000. *Diário Oficial da União*, Poder Executivo, Brasília, DF, 20 abr. 2000. Disponível em: <https://www.planalto.gov.br/ccivil_03/decreto/d3415.htm>. Acesso em: 30 jul. 2009.

_____. Decreto n. 6.308, de 14 de dezembro de 2007. *Diário Oficial da União*, Brasília, DF, 17 dez. 2007. Disponível em: <http://www.planalto.gov.br/ccivil_03/_Ato 2007-2010/2007/Decreto/D6308.htm>. Acesso em: 16 out. 2009.

BRASIL. Decreto n. 50.517, de 2 de maio de 1961. *Diário Oficial da União*, Poder Executivo, Brasília, DF, 2 maio 1961. Disponível em: <https://www.planalto.gov.br/ccivil_03/decreto/1950-1969/D50517.htm>. Acesso em: 30 jul. 2009.

BRASIL. Lei n. 91, de 28 de agosto de 1935. *Diário Oficial da União*, Rio de Janeiro, Poder Legislativo, 4 out. 1935. Disponível em: <https://www.planalto.gov.br/ccivil_03/Leis/1930-1949/L0091.htm>. Acesso em: 30 jul. 2009.

_____. Lei n. 3.071, de 1º de janeiro de 1916. *Coleção de Leis do Brasil*, Rio de Janeiro, RJ, 5 jan. 1916. Disponível em: <https://www.planalto.gov.br/ccivil_03/leis/l3071.htm>. Acesso em: 30 jul. 2009.

_____. Lei n. 6.639, de 8 de maio de 1979. *Diário Oficial da União*, Brasília, DF, 10 maio 1979. Disponível em: <https://www.planalto.gov.br/ccivil_03/Leis/1970-1979/L6639.htm>. Acesso em: 30 jul. 2009.

_____. Lei n. 8.212, de 24 de julho de 1991. *Diário Oficial da União*, Poder Executivo, Brasília, DF, 25 jul. 1991a. Disponível em: <http://www.planalto.gov.br/CCIVIL/LEIS/L8212cons.htm>. Acesso em: 30 jul. 2009.

_____. Lei n. 8.313, de 23 de dezembro de 1991. *Diário Oficial da União*, Poder Executivo, Brasília, DF, 24 dez. 1991b. Disponível em: <https://www.planalto.gov.br/ccivil_03/leis/l8313cons.htm>. Acesso em: 30 jul. 2009.

_____. Lei n. 8.742, de 7 de dezembro de 1993. *Diário Oficial da União*, Poder Legislativo, Brasília, DF, 8 dez. 1993. Disponível em: <http://www.planalto.gov.br/ccivil_03/LEIS/L8742.htm>. Acesso em: 30 jul. 2009.

_____. Lei n. 9.608, de 18 de fevereiro de 1998. *Diário Oficial da União*, Poder Legislativo, Brasília, DF, 19 fev. 1998a. Disponível em: http://www.planalto.gov.br/ccivil/leis/L9608.htm>. Acesso em: 30 jul. 2009.

_____. Lei n. 9.637, de 15 de maio de 1998. *Diário Oficial da União*, Poder Executivo, Brasília, DF, 18 maio 1998b. Disponível em: http://www.planalto.gov.br/ccivil/LEIS/L9637.htm>. Acesso em: 30 jul. 2009.

_____. Lei n. 9.790, de 23 de março de 1999. *Diário Oficial da União*, Poder Executivo, Brasília, DF, 24 mar. 1999a. Disponível em: <http://www.planalto.gov.br/ccivil/LEIS/L9790.htm>. Acesso em: 30 jul. 1999.

_____. Lei n. 10.406, de 10 de janeiro de 2002. *Diário Oficial da União*, Poder Legislativo, Brasília, DF, 11 jan. 2002. Disponível em: <https://www.planalto.gov.br/ccivil_03/leis/2002/L10406.htm>. Acesso em: 30 jul. 2009.

_____. Lei n. 10.825, de 22 de dezembro de 2003. *Diário Oficial da União*, Poder Legislativo, Brasília, DF, 23 dez. 2003. Disponível em: <http://www.planalto.gov.br/ccivil/Leis/2003/L10.825.htm>. Acesso em: 30 jul. 2009.

BRASIL. Medida Provisória n. 446, de 7 de novembro de 2008. *Diário Oficial da União*, Poder Executivo, Brasília, DF, 11 nov. 2008. Disponível em: <http://www.planalto.gov.br/ccivil_03/_Ato2007-2010/2008/Mpv/446.htm>. Acesso em: 30 jul. 2009.

BRASIL. Ministério da Previdência e da Assistência Social. Conselho Nacional de Assistência Social. Resolução n. 31, de 24 de fevereiro de 1999. *Diário Oficial da União*, Brasília, DF, 26 fev. 1999b. Disponível em: <http://www.mds.gov.br/cnas/legislacao/resolucoes/arquivos-1999/cnas-1999-031-consolidada.pdf>. Acesso em: 30 jul. 2009.

BRASIL. Ministério do Desenvolvimento Social de Combate à Fome. Conselho Nacional de Assistência Social. *Medidas provisórias*. Disponível em: <http://www.mds.gov.br/cnas/legislacao/medidas-provisorias>. Acesso em: 31 ago. 2009a.

BRASIL. Ministério do Desenvolvimento Social de Combate à Fome. Secretaria Nacional de Assistência Social. *Política Nacional de Assistência Social*. 2004. Disponível em: <http://www.mds.gov.br/cnas/politica-e-nobs/pnas.pdf/download>. Acesso em: 23 jul. 2009.

BRASIL. Presidência da República Federativa do Brasil. *Fome Zero*. Disponível em: <http://www.fomezero.gov.br>. Acesso em: 23 jul. 2009b.

CAMARGO, M. F. de et al. *Gestão do terceiro setor no Brasil*: estratégias de captação de recursos para organizações sem fins lucrativos. São Paulo: Futura, 2001.

CAMPOS, L. C. M. Dicionário de termos relacionados ao terceiro setor. *Integração – Revista Eletrônica do terceiro setor*, São Paulo, ano 5, n. 11, fev. 2002. Disponível em: <http://integracao.fgvsp.br>. Acesso em: 20 abr. 2007.

CARVALHO, M. do C. B. de. Gestão social: alguns apontamentos para o debate. In: RAICHELIS, R.; RICO, E. de M. (Org.). *Gestão social*: uma questão em debate. São Paulo: Educ, 1999.

CASTEL, R.; WANDERLEY, L. E.; BELFIORE-WANDERLEY, M. *Desigualdade e a questão social*. 2. ed. São Paulo: Educ, 2000.

CERTO, S. C.; PETER, J. P. *Administração estratégica*: planejamento, implantação da estratégia. Rio de Janeiro: Makron Books, 1993.

CHIAVENATO, I. *Recursos humanos*. 4. ed. São Paulo: Atlas, 1997.

_____. *Teoria geral da administração*: abordagens prescritivas e normativas da administração. 4. ed. São Paulo: Makron Books, 1993.

CHIAVENATO, I.; SAPIRO, A. *Planejamento estratégico*: fundamentos e aplicações. Rio de Janeiro: Campus, 2003.

COSTA, C. (Org.). *Gestão da comunicação*: terceiro setor, organizações não governamentais, responsabilidade social e novas formas de cidadania. São Paulo: Atlas, 2007.

COVAC – Sociedade de Advogados. *Informativo*: renovação CEAS. 2009. Disponível em: <http://www.scribd.com/doc/12983625/Informativo-Renovacao-do-CEAS-apos-Rejeicao-da-MP-4462008>. Acesso em: 24 jul. 2009.

CRUZ, C. M. *Curso captação de recursos*. Porto Alegre: PUCRS, 2001. Apostila.

CRUZ, C. M.; ESTRAVIZ, M. *Captação de diferentes recursos para organizações sem fins lucrativos*. São Paulo: Instituto Fonte, 2000.

DOZ, Y. L. *A vantagem das alianças*: a arte de criar valor através de parcerias. Rio de Janeiro: Qualitymark, 2000.

DRUCKER, P. F. *Administração de organizações sem fins lucrativos*: princípios e práticas. São Paulo: Pioneira, 2002.

_____. *Administrando para o futuro*: os anos 90 e a virada do século. 2. ed. São Paulo: Pioneira, 1992.

FERNANDES, R. C. *Privado porém público*: o terceiro setor na América Latina. 2. ed. Rio de Janeiro: Relume Dumará, 1994.

FERREIRA, A. B. de H. *Novo dicionário da língua portuguesa*. Curitiba: Positivo, 2009.

FONTES, M. *Marketing social revisitado*: novos paradigmas do mercado social. Florianópolis: Cidade Futura, 2001.

FÓRUM SOCIAL MUNDIAL. *Histórico do processo FSM*. 2007. Disponível em: <http://www.forumsocialmundial.org.br/main.php?id_menu=2&cd_language=>. Acesso em: 21 jul. 2009.

FREITAS, F. R.; VENTURA, E. C. F. *Voluntariado empresarial*: uma questão de legitimidade? Disponível em: <http://74.125.47.132/search?q=cache:4Y78svi0MVsJ:www.observatorio.dca.ufpe.br/artigos/ART_074.pdf+%22servi%C3%A7o+comprometido+com+a+sociedade,+baseado+na+liberdade+de+escolha%22&cd=5&hl=pt-BR&ct=clnk&gl=br>. Acesso em: 23 jul. 2009.

GANDIN, D. *A prática do planejamento participativo*: na educação e em outras instituições, grupos, movimentos dos campos cultural, social, político, religioso e governamental. 2. ed. Petrópolis: Vozes, 1994.

_____. *Planejamento participativo*. Petrópolis: Vozes, 2001.

GERONE, A. de. *Como criar e manter uma ONG*. Curitiba: PUC, 2008. Apostila.

GIONGO, C. D. *Processo de trabalho do serviço social III*. Canoas: Ed. da Ulbra, 2004. Caderno Universitário.

GOLDSCHMIDT, A. *Apoena sustentável*. Disponível em: <http://www.apoenasocial.com.br>. Acesso em: 20 mar. 2007.

GONÇALVES, H. S. *O Estado, o terceiro setor e o mercado*: uma tríade completa. 1999. Disponível em: <http://www.rits.org.br/>. Acesso em: 20 de nov. 2007.

INSTITUTO CREATIO. *Estado, mercado e 3° setor*. Disponível em: <http://www.creatio.org.br/terceirosetor.asp>. Acesso em: 24 jul. 2009.

INSTITUTO ETHOS. *Instituto Ethos de empresas e responsabilidade social*. Disponível em: <http://www.ethos.org.br>. Acesso em: 6 dez. 2004.

IOSCHPE, E. B. (Org.). *3° setor*: desenvolvimento social sustentado. 3. ed. Rio de Janeiro: Paz e Terra, 2005.

KISIL, R. *Elaboração de projetos e propostas para organização da sociedade civil*. São Paulo: Global, 2001. (Coleção Gestão e Sustentabilidade).

MACIEL, A. L. S. *Serviço social contemporâneo I e II*. Canoas: Ed. da Ulbra, 2003. Caderno Universitário.

MELCHOR, P. *Associação e fundação*. 1998. Disponível em: <http://www.sebraesp.com.br/sites/default/files/associacao_fundacao.pdf>. Acesso em: 20 jul. 2009.

MELO, M. A. 'Governance' e reforma do Estado: o paradigma agente x principal. *Revista do Serviço Público*, Brasília, ano 47, v. 120, n. 1, jan./abr. 1996.

MENDES, L. C. A. *Visitando o terceiro setor (ou parte dele)*. Brasília: Ipea, 1999. Disponível em: <http://www.ipea.gov.br/pub/td/td_99/td_647.pdf>. Acesso em 3 jul. 2009.

MOSTARDEIRO, M. M. Conceitos & conceitos. *Revista Conexão Social*, Porto Alegre, n. 8, p. 34, nov./dez. 2002.

MOTA, A. E. (Org.). *A nova fábrica de consensos*: ensaios sobre a reestruturação empresarial, o trabalho as demandas ao serviço social. São Paulo: Cortez, 1998.

NOLETO, M. J. *Parcerias e alianças estratégicas*: uma abordagem prática. São Paulo: Global, 2000.

OLIVEIRA, A. de; ROMÃO, V. *Manual do terceiro setor e instituições religiosas*. São Paulo: Atlas, 1994.

OLIVEIRA, E. M. Empregabilidade e gerenciamento de carreira do assistente social no século XXI: desafios e estratégias. In: ENPESS – Encontro Nacional de Pesquisadores em Serviço Social. 7., 2000, Brasília. *Anais*... Brasília: Ed. da UnB, 2000. v. 1. p. 420-429.

PARCEIROS VOLUNTÁRIOS. *Quem somos*. Disponível em: <http://www.parceirosvoluntarios.org.br/componentes/parceiros/ParceirosVoluntarios.asp>. Acesso em: 22 jul. 2009.

PENEGALLI, J. C. *Facilitando o processo de planejamento e gestão nas organizações*. Disponível em: <http://www.iedcorp.com.br/artigo01.html>. Acesso em: 14 set. 2008.

PEREIRA, C. *Captação de recursos (fund raising)*: conhecendo melhor porque as pessoas contribuem. São Paulo: Ed. da Universidade Presbiteriana Mackenzie, 2001.

PORTAL DO VOLUNTÁRIO. *O que é ser voluntário?* Disponível em: <http://portaldovoluntario.org.br/blogs/54329/posts/45>. Acesso em: 23 jul. 2009.

PRATES, J. C. *Gestão estratégica de instituições sociais*: o método marxiano como mediação do projeto político. 1995. Dissertação (Mestrado em Serviço Social) – Pontifícia Universidade Católica do Rio Grande do Sul, Porto Alegre, 1995.

RABAÇÃ, C. A.; BARBOSA, G. G. *Dicionário de comunicação*. 3. ed. São Paulo: Ática, 1998.

RAICHELIS, R.; RICO, E. de M. (Org.). *Gestão social*: uma questão em debate. São Paulo: Educ, 1999.

ROCHA, R. S.; SILVA, R. V. A relação privado público e a sociedade civil organizada: o agente terceiro na dinâmica recente. In: SIMPÓSIO NACIONAL DOS CONSELHOS DE ECONOMIA, 20., 2004, Belém. *Anais*... Belém: SINCE, 2004. 1 CD-ROM. Disponível em: <http://www.nuca.ie.ufrj.br/aelp/revistaintermares/artigos/numero1/rochap2.pdf>. Acesso em: 24 jul. 2009.

ROTHGIESSER, T. L. *Sociedade civil brasileira e o terceiro setor*. Disponível em: <http://www.terceirosetor.org.br>. Acesso em: 20 out. 2002.

SERRA, R. M. S. *Crise de materialidade no serviço social*: repercussões no mercado profissional. São Paulo: Cortez, 2000.

SILVA, A. A. da. *A gestão da seguridade social brasileira*: entre a política pública e o mercado. São Paulo: Cortez, 2004.

SILVA, A. L. de P. e. *Utilizando o planejamento como ferramenta de aprendizado*. São Paulo: Global, 2000.

SILVA, E. O. S. da; TAVERNARD, F. *Estudo da viabilidade econômico-financeira de um consultório médico de fisioterapia sob a ótica do plano de negócio na Região Metropolitana de Belém*. Belém, 2005. 43 f. Trabalho Acadêmico (Administração financeira) – Departamento de Ciências Contábeis, Centro Socioeconômico, Universidade Federal do Pará. Disponível em: <http://www.peritocontador.com.br/artigos/colaboradores/Elza-Fabiola-19-01-05.pdf>. Acesso em: 24 jul. 2009.

SILVA, L. F. Responsabilidade social empresarial no Brasil. In: SEMINÁRIO DE MARKETING SOCIAL DO RIO GRANDE DO SUL. 1,. 2001. *Anais*... Porto Alegre: Pallotti, 2001.

SILVA, M. O. da S. e (Coord.). *O Comunidade Solidária*: o não enfrentamento da pobreza no Brasil. São Paulo: Cortez, 2001.

SOBOTTKA, E. A. A utopia político emancipatória em transição: movimentos sociais viram ONG que viram "terceiro setor". In: SEMINÁRIO REGIONAL DE PEDAGOGIA SOCIAL E PRÁTICAS SOCIAIS. 1., 2001, Ibirubá. *Anais*... Ibirubá: Ed. da Unicruz, 2001.

SOUZA, M. L. de. *Desenvolvimento de comunidade e participação*. 4. ed. São Paulo: Cortez, 1993.

SPOSATI, A. Desafios para fazer avançar a política de assistência social no Brasil. *Serviço Social & Sociedade*, São Paulo, ano 22, n. 68, p. 54-82, 2001.

TELLES, V. da S. *Pobreza e cidadania*. São Paulo: Ed. 34, 2001.

UGARTE, D. de. *O poder das redes*. Porto Alegre: EDIPUCRS, 2008.

ULBRA – Universidade Luterana do Brasil. *Projeto pedagógico do curso de administração EAD*. Canoas, 2007.

VIOLIN, T. C. *terceiro setor e as parcerias com a administração pública*. Belo Horizonte: Fórum, 2006.

WILHEIM, A. M.; CORULLÓN, M. *Voluntários*: programa de estímulo ao trabalho voluntário no Brasil. São Paulo: Fundação Abrinq pelos Direitos da Criança, 1996.

Apêndices

Apêndice 1 – Termo de adesão ao serviço voluntário

Termo de adesão ao serviço voluntário

Considera-se Serviço Voluntário, para fins desta Lei, a atividade não remunerada, prestada por pessoas física à entidade pública de qualquer natureza, ou à instituição privada de fins não lucrativos, que tenha objetivos cívico, cultural, educacional, [...] (Lei nº 9.608, art. 1º – Lei do Serviço Voluntário).

Parágrafo único: O Serviço Voluntário não gera vínculo empregatício, nem obrigação de natureza trabalhista previdenciária e afim.

Nome: _____
Identidade: _____ CPF: _____
Endereço: _____
Bairro: _____ CEP: _____ Telefone: _____

Tipo de serviço que o voluntário vai prestar:
_____
_____
_____

Instituição onde o voluntário vai prestar o serviço:
Nome: _____
Endereço: _____
CGC: _____ Tel: ( ) _____ Fax: ( ) _____

Declaro que estou ciente e aceito os termos da Lei do Serviço Voluntário, nº 9.608, de 18 de fevereiro de 1998.

_____, _____ de _____ de 20 _____
(cidade)

_____
Assinatura do voluntário

_____   _____
Nome do responsável   Assinatura do responsável

_____   _____
Responsável pela instituição   Cargo
Testemunhas: _____   _____

Obs.: Este documento tem 2 vias – 1 para o voluntário e 1 para a Instituição.

Apêndice 2 – Sites *interessantes*

Sites NACIONAIS	
RESPONSABILIDADE SOCIAL EMPRESARIAL	
Gestão Social, Estudos e Tecnologia	<http://www.gset.org>
Instituto Ethos de Empresas e Responsabilidade Social	<http://www.ethos.org.br>
Participação nos Lucros e Resultados	<http://www.plr.com.br>
Pensamento Nacional das Base Empresariais – PNBE	<http://www.pnbe.org.br>
ÉTICA EMPRESARIAL	
Centro de Estudos de Ética nos Negócios	<http://www.fgvsp.br/cene>
BALANÇO SOCIAL	
Balanço Social	<http://www.balancosocial.org.br>
Fundação Instituto para o Desenvolvimento Empresarial e Social – Fides	<http://www.fides.org.br>
Prêmio Balanço Social	<http://www.premiobalancosocial.org.br>
TERCEIRO SETOR	
Academia de Desenvolvimento Social	<http://www.academiasocial.org.br>
Aprendiz	<http://www.uol.com.br/aprendiz>
Associação Brasileira de Captadores de Recursos – ABCR	<http://www.abcr.org.br>
Associação Brasileira de ONGs – Abong	<http://www.abong.org.br>
Associação Brasileira para o Desenvolvimento de Lideranças – ABDL	<http://www.abdl.org.br>
Associação Vitae de Apoio à Cultura, Educação e Promoção Social	<http://www.vitae.org.br>
Balcão Social	<http://www.balcaosocial.org.br>

Centro de Estudos de Fundações de Direito Privado e Entidades de Interesse Social	<http://www.fundata.org.br>
Cidadania-e – Banco do Brasil	<http://www.cidadania-e.com.br>
Cidade Livre	<http://www.cidadelivre.org.br>
Filantropia	<http://www.filantropia.org.br>
Fundos de Fomento Social	<http://fosocial.fgvsp.br>
Grupo de Instituto, Fundações e Empresas – Gife	<http://www.gife.org.br>
Instituto Brasileiro de Governança Corporartiva – IBGC	<http://www.ibgc.org.br>
Instituto Brasileiro de Análises Sociais e Econômicas – Ibase	<http://www.ibase.org.br>
Instituto de Estudos da Religião – Iser	<http://www.iser.org.br>
Núcleo Gestão Pública e Cidadania – FGV	<http://inovando.fgvsp.br>
Instituto de Estudos, Formação e Assessoria em Políticas Sociais – Pólis	<http://www.polis.org.br>
Portal Setor 3 – Senac	<http://www.setor3.com.br>
Prêmio Empreendedor Social	<http://www.empreendedorsocial.org.br>
Revista Eletrônica do terceiro setor – RITS	<http://www.rits.org.br>
Revista Integração – FGV	<http://integracao.fgvsp.br>
Socialtec	<http://www.socialtec.org.br>
Terceiro setor	<http://www.terceirosetor.org.br>
VOLUNTARIADO	
Centro de Voluntariado	<http://www.voluntariado.org.br>
Filantropia	<http://www.filantropia.org.br>
Portal do Voluntário	<http://www.portaldovoluntario.org.br>

Programa dos Voluntários das Nações Unidas	<http://www.undp.org.br>/unv>
Universitário Voluntário	<http://www.univoluntario.com.br>
MEIO AMBIENTE	
Ambiente Global	<http://www.ambienteglobal.com.br>
Compromisso Empresarial para Reciclagem – Cempre	<http://www.cempre.org.br>
Conservation Internacional	<http://www.conservation.org.br>
Fundo Mundial para a Natureza – WWF	<http://www.wwf.org.br>
Greenpeace	<http://www.greenpeace.org.br>
Instituto Brasileiro do Meio Ambiente e dos Recursos Naturais Renováveis – Ibama	<http://www.ibama.gov.br>
Instituto Socioambiental – ISA	<http://www.socioambiental.org.br>
Ministério do Meio Ambiente	<http://www.mma.gov.br>
Portal do Bem	<http://www.bem.com.br>
Projeto Biodiversidade Brasil	<http://www.biodiversidadebrasil.com.br>
CONSUMO CONSCIENTE	
Comissão Técnica Nacional de Biossegurança – CNTBio	<http://www.ctnbio.gov.br>/ctnbio/default.htm>
Defenda-se	<http://www.defenda-se.inf.br>
Instituto Akatu	<http://www.akatu.net>
Instituto Brasileiro de Política e Direito do Consumidor	<http://www.br>asilcon.org.br>
Instituto de Defesa do Consumidor	<http://www.idec.org.br>
Procon – SP	<http://www.procon.sp.gov.br>
Reclamar Adianta	<http://www.reclamaradianta.com.br>

ADMINISTRAÇÃO DO PÚBLICO INTERNO	
Great Place to Work	<http://www.greatplacetowork.com.br>
Observatório Social	<http://www.observatoriosocial.org.br>
SITES UNIVERSITÁRIOS	
Universia	<http://www.universiabrasil.net>
Neurônio	<http://www.neuronio.com.br>
OUTROS	
Centro de Estudos das Relações do Trabalho e Desigualdade – CEERT	<http://www.ceert.org.br>
CTNBIO	<http://www.mct.gov.br/ctnbio>
Fórum Social Mundial	<http://www.forumsocialmundial.org.br>
Combate à discriminação racial e de gênero – Geledés	<http://www.geledes.com.br>
Mediar – Fipe	<http://www.fipe.com/mediar>
Movimento de Justiça e Direitos Humanos	<http://www.direitoshumanos.org.br>
Programa das Nações Unidas para o Desenvolvimento – PNUD	<http://www.undp.org.br>
Programa Fome Zero – Governo	<http://www.fomezero.gov.br>
Programa Fome Zero – Sociedade Civil	<http://www.fomezero.org.br>

Gabarito

Capítulo 1
1. e

Capítulo 2
1. c
2. d

Capítulo 3
1. c

Capítulo 4
1. d

Capítulo 5
1. c

Capítulo 6
1. b
2. c

Capítulo 7
1. b

Capítulo 8
1. b

Capítulo 9
1. c

Capítulo 10
1. a

Os papéis utilizados neste livro, certificados por instituições ambientais competentes, são recicláveis, provenientes de fontes renováveis e, portanto, um meio responsável e natural de informação e conhecimento.

FSC
www.fsc.org
MISTO
Papel produzido a partir de fontes responsáveis
FSC® C103535

Impressão: Reproset
Março/2022